AF473715

love

Luisa Rabbia

SilvanaEditoriale

BLUE.
THE RESISTANCE OF PAINTING

Yves Klein ha lanciato solo tre colori nell'azzardo della pittura: il blu, l'oro, il fuoco. Tre colori enfaticamente archetipi, che possono influire nella pratica di una pittosofia. Già allora, più di mezzo secolo fa, l'arte era sulla soglia di andare oltre, dissiparsi, dissolversi in sequenze di azioni esorbitanti o clandestine, dirigendosi verso qualcosa che inducesse nella pittura un dubbio esistenziale, generativo di ulteriori modi e metodi di essere. Per empatizzare con la materialità blu che informa le opere di Luisa Rabbia, bisognerebbe pensarla in opposizione/antagonismo alla pressione del rosso, che è anche, psichicamente, il colore del terrore. Quando il rosso appare nel suo lavoro, è proprio in questo ruolo. In *I Want To Be There, Too* (2015), per esempio, il rosso non è quello dei *Funerali di Togliatti* di Guttuso (1972), ma quello dell'*Urlo* di Munch (1893). Con la differenza che non dichiara più il cielo inquinato che angosciava l'uomo solitario nella rivoluzione industriale, ma designa il fiume/mare di sangue dalle cui sponde sciama, di qua e di là, la massa di teste in fuga dalla decostruzione post-coloniale nell'era digitale. Anche la pittura di Rabbia è emersa da un dubbio metodico: sculture filiformi, emblemi di un'umanità anteriore e interiore in fuga, vestite della pittura di stoffe multicolori che si attorcigliano loro addosso, residui di civiltà terzomondiche in via d'essere implose. La transizione dalla scultura pittorica a una pittura senza pennellate – emergente cioè dalla stratificazione di segni grafici e stesure di colore acrilico senza testura – ma mimetiche della pittura (una pittura senza pittura), ha coinciso inizialmente con la trascrizione, in blu di Rabbia, della macrostoria delle migrazioni contemporanee insorte da un accavallarsi di sofferenze militari, religiose, politiche, economiche, culturali. Ancora referenziale di fatto è *From the Within Out* (2009): un camion che avanza in un deserto urbano, illuminato da un faro fuori campo, la sua sagoma a malapena percettibile straripante di cuscini che dal vano traboccano fino a coprire la cabina; dalla montagna di cuscini emergono le teste dei fuggiaschi seduti in cima, teste talvolta fuse surrealmente coi cuscini stessi. Ma la scultura è diventata ormai pittura, blu di Rabbia puro, anche se l'immagine risente ancora della tridimensionalità dell'oggetto. Le teste di cartapesta di *Crowd*, sempre del 2009, trasmigrano sulla carta, che diventa a questo punto il principale supporto dell'opera, anche se l'elemento che dava una particolare specificità alla scultura di Rabbia, il disegno, rimane una costante che rende logico il passaggio da un medium all'altro. L'eco della scultura si allontana definitivamente con la piattezza assoluta di *People* (2011), in cui appare anche, per la prima volta, una sorta di discesa nel subconscio della terra che continuerà fino a *Love* (2016). *People* si presenta come una colata rettangolare di blu su un grande foglio di carta (61x206 cm); il

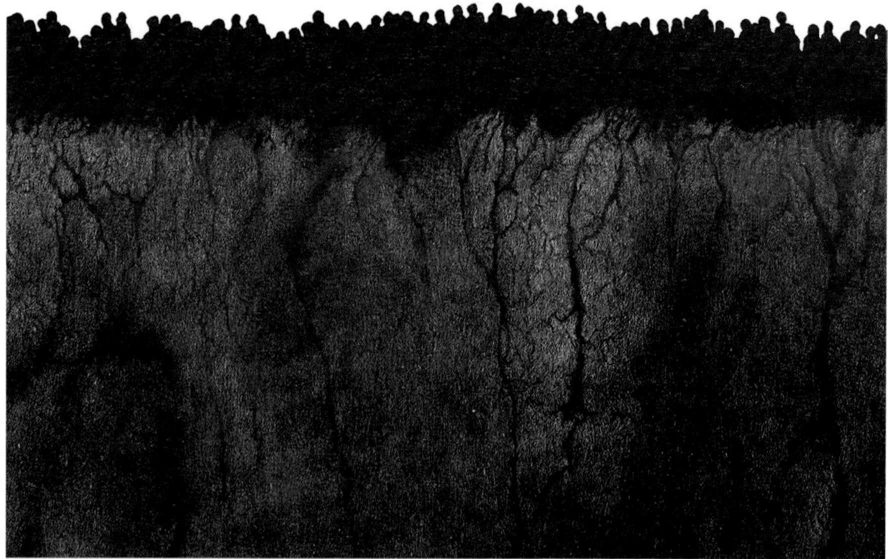

People, 2011, particolare/detail

colore si addensa in alto in qualcosa di omologo a una crosta post-terrestre: una colonna a perdita d'occhio di fuggiaschi, che avanza da destra a sinistra verso un futuro astratto. La crosta umana si scioglie gradualmente in basso in un sistema di radici che sembra sostenere la colonna di profughi e, contemporaneamente, generarla.

L'evoluzione di Luisa Rabbia verso la pittura naturalmente non è riducibile al solo passaggio dalla cartapesta alla carta, poi dalla carta alla carta intelata, infine al dipingere direttamente sulla tela. La carta importa ancora l'*ethos* grafico del disegno. Montata su tela prima dell'esecuzione dell'opera, si presta a una interazione di luce, segno e colore analoga, ma più immediata, a quella della pittura su tela (già Clemente, tra il 1978 e il 1981, aveva percorso per intero questa strada, modulata però da un uso particolarmente sofisticato dell'acquarello), tuttavia il comportamento iconico dell'artista non cambia. La pittura rimane il linguaggio spaziale specifico della rappresentazione mentale, un'articolazione dello spirito che filtra informazioni e le converte in storia con la velocità dell'intuizione: il luogo in cui il gesto e lo spazio si coniugano (una sorta di *coniunctio oppositorum*) per produrre generazioni sempre nuove di proposte per un'immagine del mondo. Con il progressivo avvicinamento della manualità operativa alla pittura, Rabbia ha parallelamente spostato la sua vocazione iconografica dall'inscrizione del sociale all'esplorazione di un universo interiore, una *connaissance par les gouffres* che approda all'amalgama immaginale di flora abissale, viscere umane, strati geologici. Questa discesa dalla macrostoria a una memoria della biosfera ha il suo epicentro in due opere del 2014, *NorthEastSouthWest* e *Pathway*. In *NorthEastSouthWest*, una struttura organica/gassosa, indefinita, trasparente, policonica, in combustione, batte come un cuore del dipinto contro un fondo monocromo prossimo al nero: una nebulosa dall'epidermide blu che lentamente vira al rosso muovendo verso il centro; un globulo ellittico dentro cui avviene una reazione chimica, quasi metafora di un pianeta in cui si stiano accumulando i giorni della creazione. È un polmone dell'arte, traversato diagonalmente da due alberi venosi che si proiettano in direzioni opposte, due scheletri di alberi sopravvissuti al naufragio delle immagini. Dai lati, nelle quattro direzioni cardinali – com'è esplicitato nel titolo dell'opera – diramano budelli tubolari simili a organismi primordiali, che come arterie incanalano dall'infinito il poco ossigeno rimasto alla pittura. È il motore della macchina *à fonctionnement symbolique* costituita dal quadro, coi suoi impianti di alimentazione e scarico che lo fanno procedere oscuramente nella foresta delle astrazioni contemporanee, nella microstoria delle *interiora terrae* che la pittura *rectificando* visita come *ready-made* dell'effusione psichica. Nella sua ermeticità di massa amorfa, ma ben definita e orientata a sinistra, esso sfiora inoltre la sfera del sacro, richiamando il *power object* dei Bamana, il *boli*, che occulta il proprio significato ai non-iniziati, implica conoscenze segrete, genera un'inquietudine a metà tra il terrore e l'estasi, affonda nelle origini e parla della fine.

Con *I Want To Be There, Too* (2015), avviene un'ulteriore discesa nell'essere della pittura. Rabbia elide la carta, dipinge direttamente sulla tela. La ricettività luminosa della carta viene surrogata dalla preparazione col gesso, che viene scartavetrato fino ad ottenere una superficie totalmente senza trama. Questa viene poi coperta tutta o in parte da una strato di impronte digitali impresse, con un maggiore o minore rilievo, con acrilico blu – una firma segreta scopribile solo mediante una riflettografia infrarossa? Un atto di comunione a distanza con le *tavole di accertamento* di Manzoni? Un'inscrizione diretta del corpo dell'artista nel corpo della pittura? Su questo strato ne viene steso un altro ancora di blu, sul quale viene infine disegnata l'immagine con matite colorate. L'immagine di *I Want To Be There, Too* è indefinita e definita insieme, a seconda della prossimità di chi guarda la superficie; richiede una doppia distanza dell'occhio, e una doppia incursione mentale. Una grande corrente rossa, di fiume o di aria striata di rosso, traversata al centro da una meno clamorosa controcorrente blu, domina il dipinto; ai lati di questo Acheronte terrestre e insieme celeste un proliferare di teste a perdita d'occhio, rese con impronte digitali emergenti dal fondo o sovrimposte, un'insorgente foresta umana, sconfinata. Riemerge la "tragedia del nostro tempo", il popolo di esiliati, di perseguitati, di rifugiati, introiettato dalle sculture e pitture su carta; ma ora è vista da lontano, da uno sguardo aereo, se non proprio cosmico, che abbraccia tuttavia la terra da un'altezza metafisica. Il cielo dell'*Urlo* di Munch che non risponde più solo alle angosce dei *burghers* di Oslo, ma si estende sopra l'esodo di milioni di Siriani, Iracheni, Sudanesi, Somali; e sopra l'epifania del *first draft* di Eliot di *The Waste Land*, che traduce l'Acheronte nel Tamigi di Londra:

I have sometimes seen and see
Under the brown fog of winter dawn
A crowd flow over London Bridge, so many,
I had not thought death had undone so many

che Dante aveva pre-visto nel Limbo:
... dietro ... venìa sì lunga tratta
di gente, ch'io non avrei creduto
che morte n'avesse tanta disfatta.

Rabbia ha intensificato l'inscrizione del microcosmo subcoscienziale umano/vegetale/terroso dei dipinti del 2014-'15, nel suo ultimo progetto – *Love, Birth, Death*: copula, nascita, morte – con una potenziale iconografia macrocosmica. L'espansione tematica ha, forse necessariamente, un correlativo fisico in quella pittorica: *Love* (2016) è una tela di 274x513 cm che, per tutta la sua diagonale (una misura perciò superiore a quella della larghezza), è occupata da due corpi iperumani così incastrati l'uno nell'altro che se si provasse a unire in un diagramma i loro punti estremi essi formerebbero l'equivalente di un albero sefirotico. *Love* immagina (mette in immagine) la coppia iniziale/iniziante, una copula di terra e cielo: la donna fatta di terra, vegetazione, humus, radici; l'uomo un corpo etereo, fatto di polvere stellare – non ancora emersi dal Chaos, anatomie indistinte, sospese in uno spazio e in un tempo non ancora divisi in modalità opposte, attraversati come una saetta/tronco d'albero dall'asse del mondo. Per misurarne la temperatura archetipa/futura, *Love* deve essere messo in contrasto con l'iconografia/cosmologia egiziana, dove il cielo (Nut) e la terra (Geb) sono separati dal dio-sole, Ra. Nella figurazione del mito egiziano, divenuta ormai parte dell'immaginario pop contemporaneo, Nut è la donna nuda piegata ad arco che impersona la volta celeste, mentre Geb è l'uomo disteso a terra con il sesso eretto. Nel dipinto di Rabbia, si deve pensare la coppia originaria come in uno stato antecedente ogni divisione dell'essere nelle dualità che il tempo istituisce. I corpi *in love* di *Love* lievitano/affondano dentro un amnio pittorico stellare/vegetale/acqueo, innestati in una non-alterità; le gambe piegate e incrociate in forma di X (la strategia del ragno secondo il Kamasutra?), mentre le mani strette tra loro disegnano con le braccia un quadrangolo per così dire bi*torso*luto: i due torsi formano opposti angoli acuti, mentre le mani si intrecciano in contrapposti angoli ottusi. La testa della donna, in stato di espansione, affonda nell'angolo sinistro in basso; quella dell'uomo, in stato di contrazione, schizza verso l'angolo destro in alto. I due torsi si incastrano – con le gambe della donna entrambe piegate, mentre una gamba dell'uomo è distesa – rimanendo anatomicamente indifferenziati (unico dettaglio esaltato sono gli eccessivi capezzoli), per alludere forse a un'androginia originaria/finale. Sono corpi di una consistenza plasmatica, nebulose antropomorfiche in corso di divenire pienamente umanità, corpi eterici in via di accedere al corpo astrale, o viceversa. La Bibbia non avrebbe un nome per loro, implicano uno stato pre-adamitico, ma allo stesso tempo da secoli, anzi da millenni, sono inscritti nella storia, che è la storia della pittura. La spina/lisca di energia nera che traversa diagonalmente e congiuntamente i corpi, *axis* sia fisico che metafisico del dipinto, ed era apparsa in *NorthEastSouthWest* in uno stato embrionale, qui converge analogicamente con l'energia mistica/misterica che kundalini genera in corpi intrecciati nell'estasi tantrica, diventa l'albero della vita interiore. Il cielo liquido, l'acqua celeste in cui la ierogamia di *Love* ha luogo, e dai quali gli amanti allo stesso tempo emergono, è il geroglifico di uno spazio pittorico mitico, uno spazio che sospende la pittura tra un passato appena iniziato e un futuro appena finito.

MARIO DIACONO

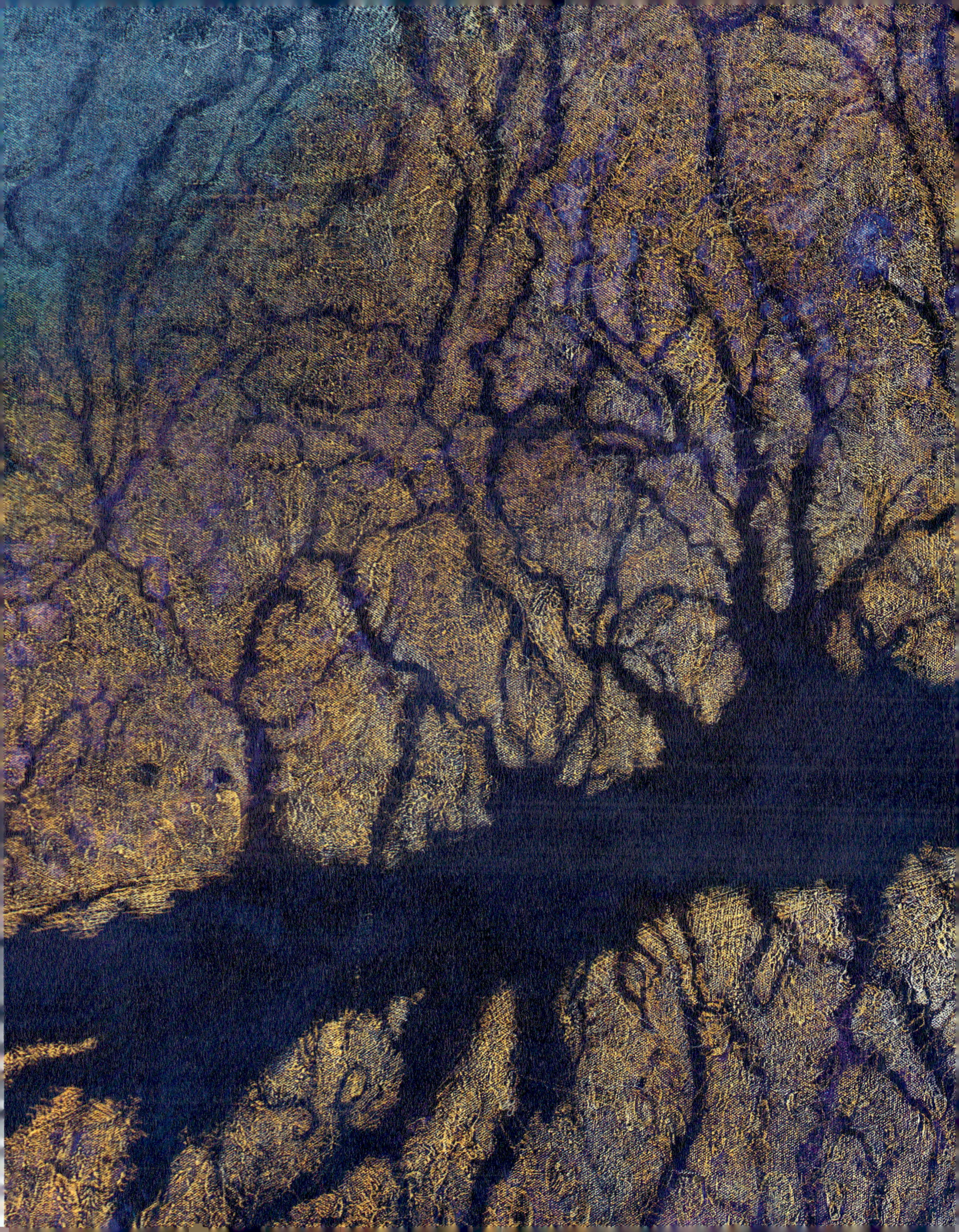

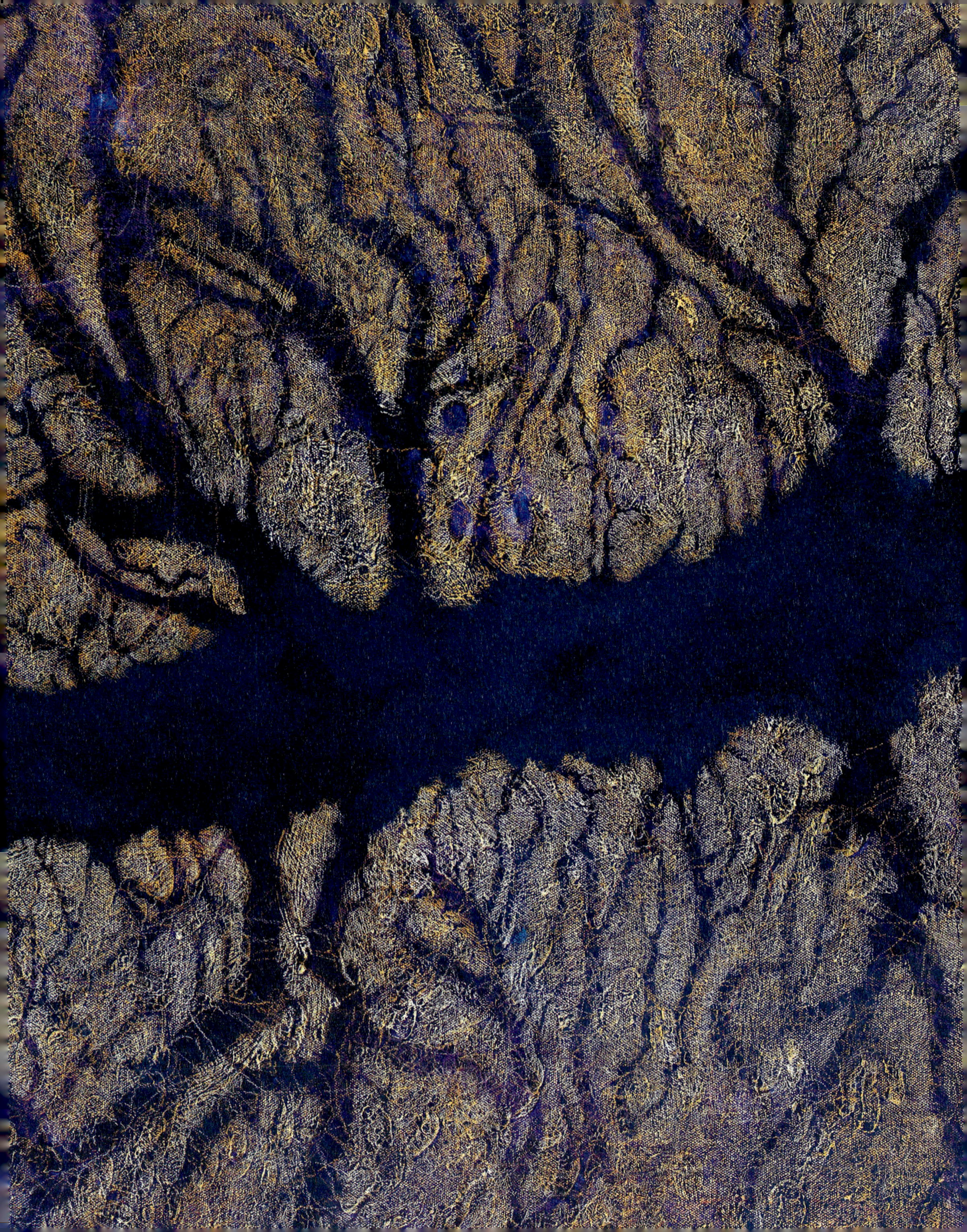

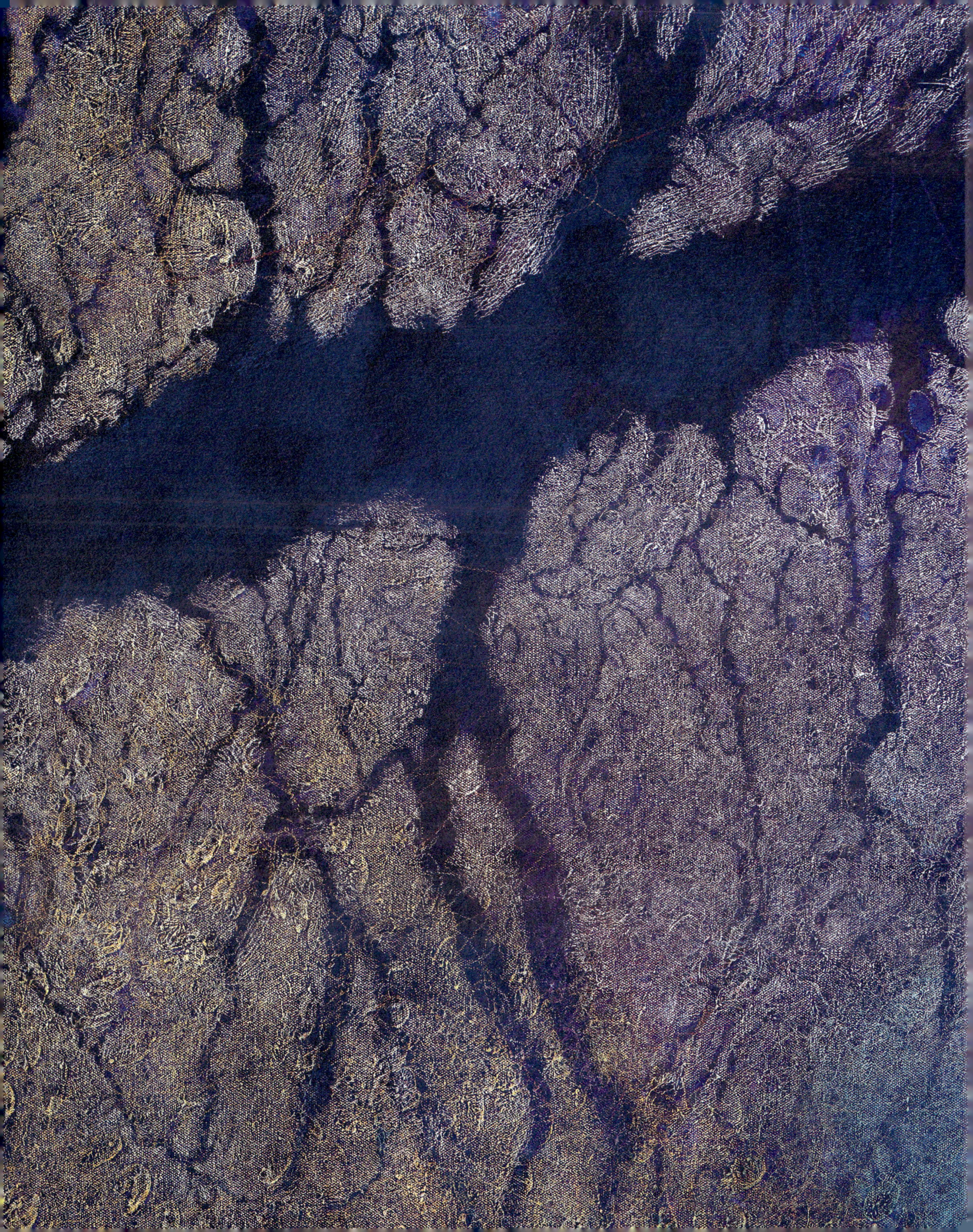

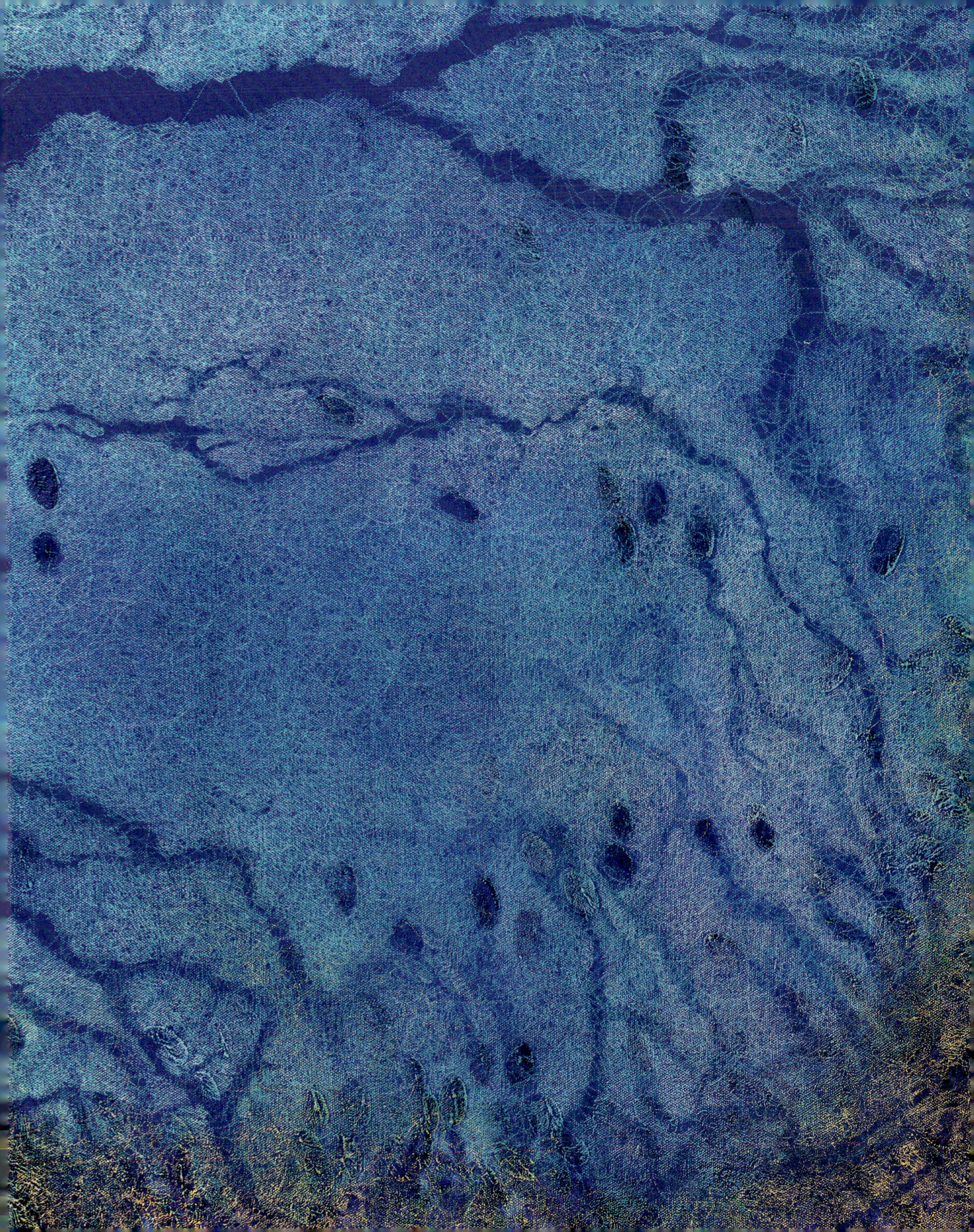

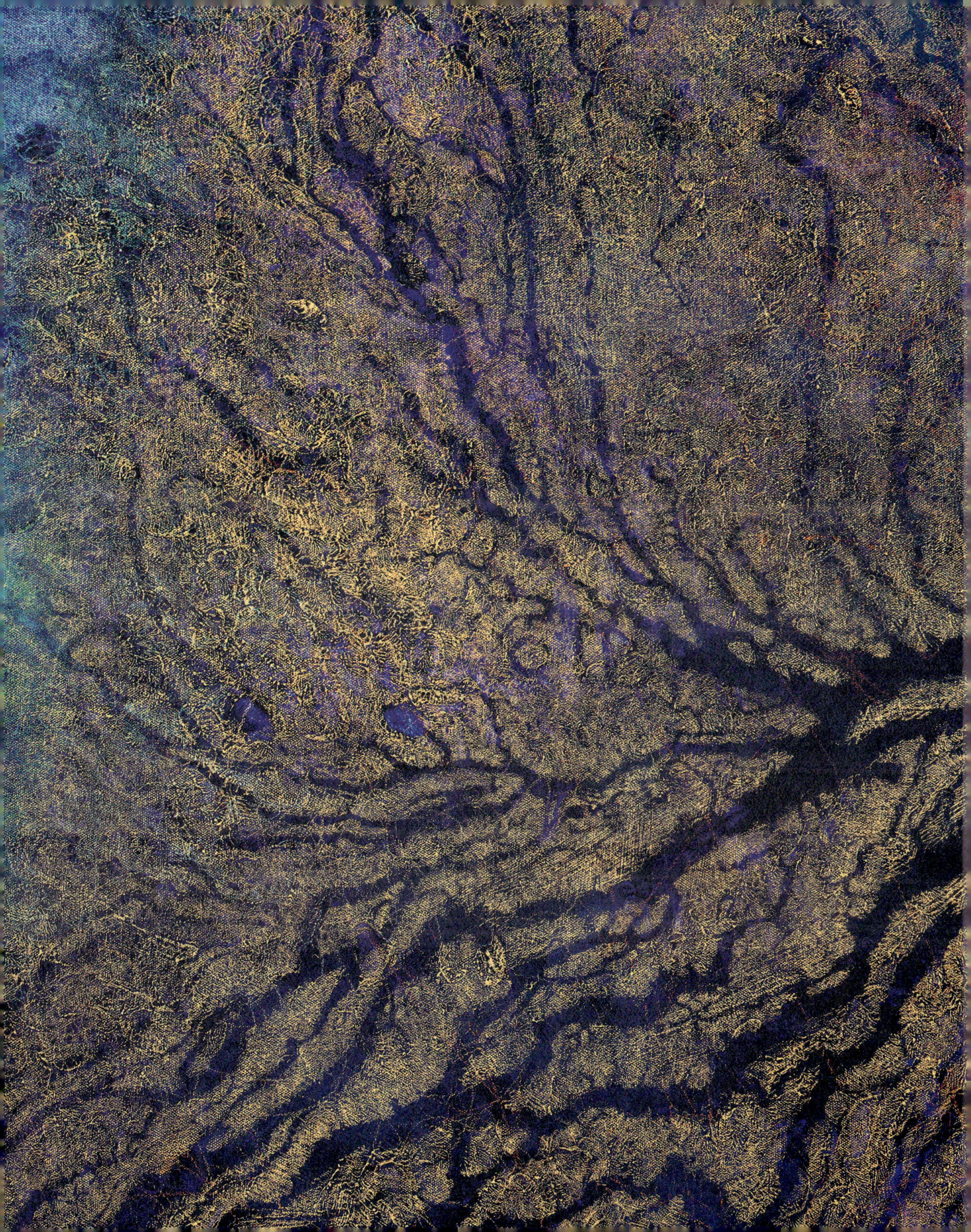

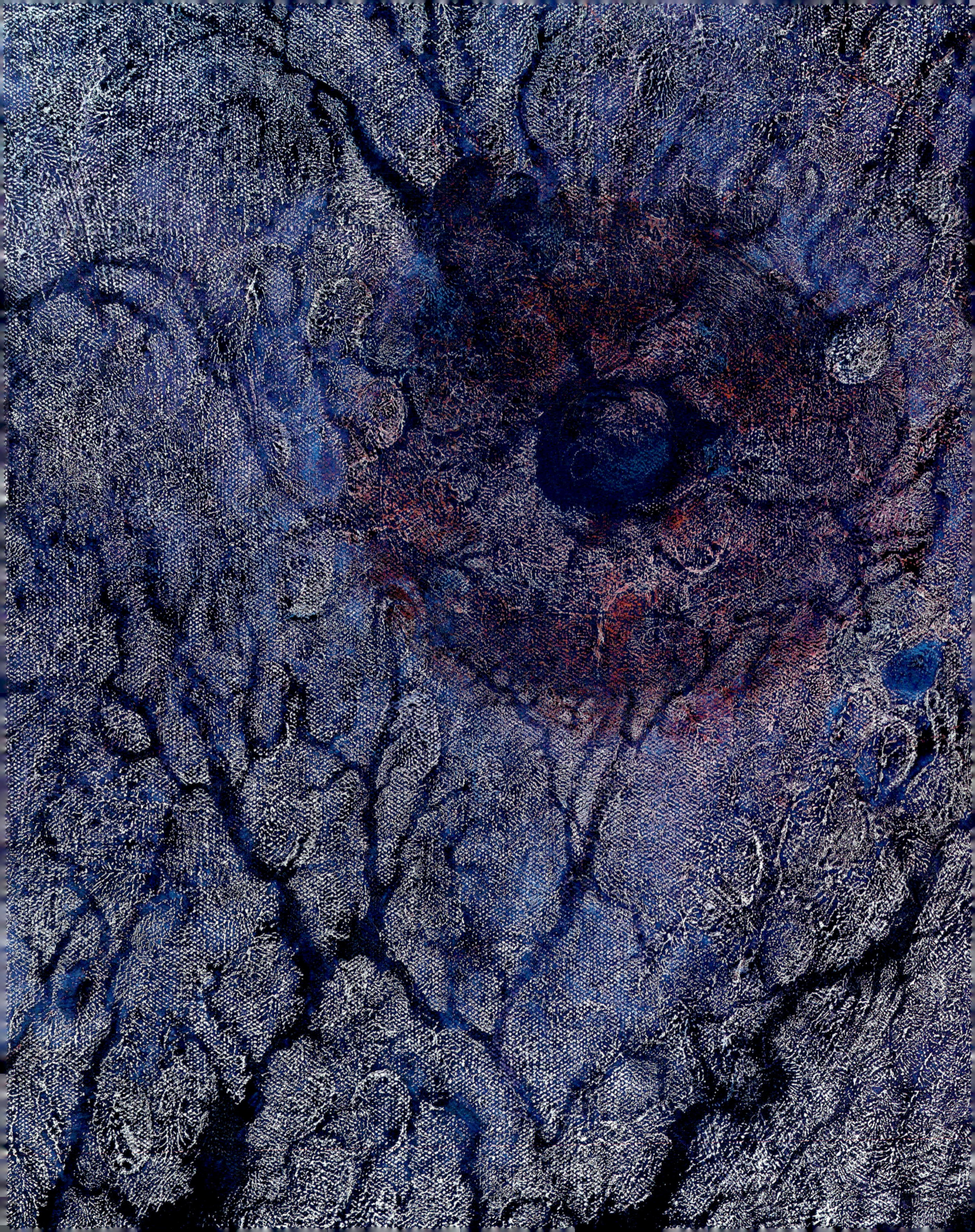

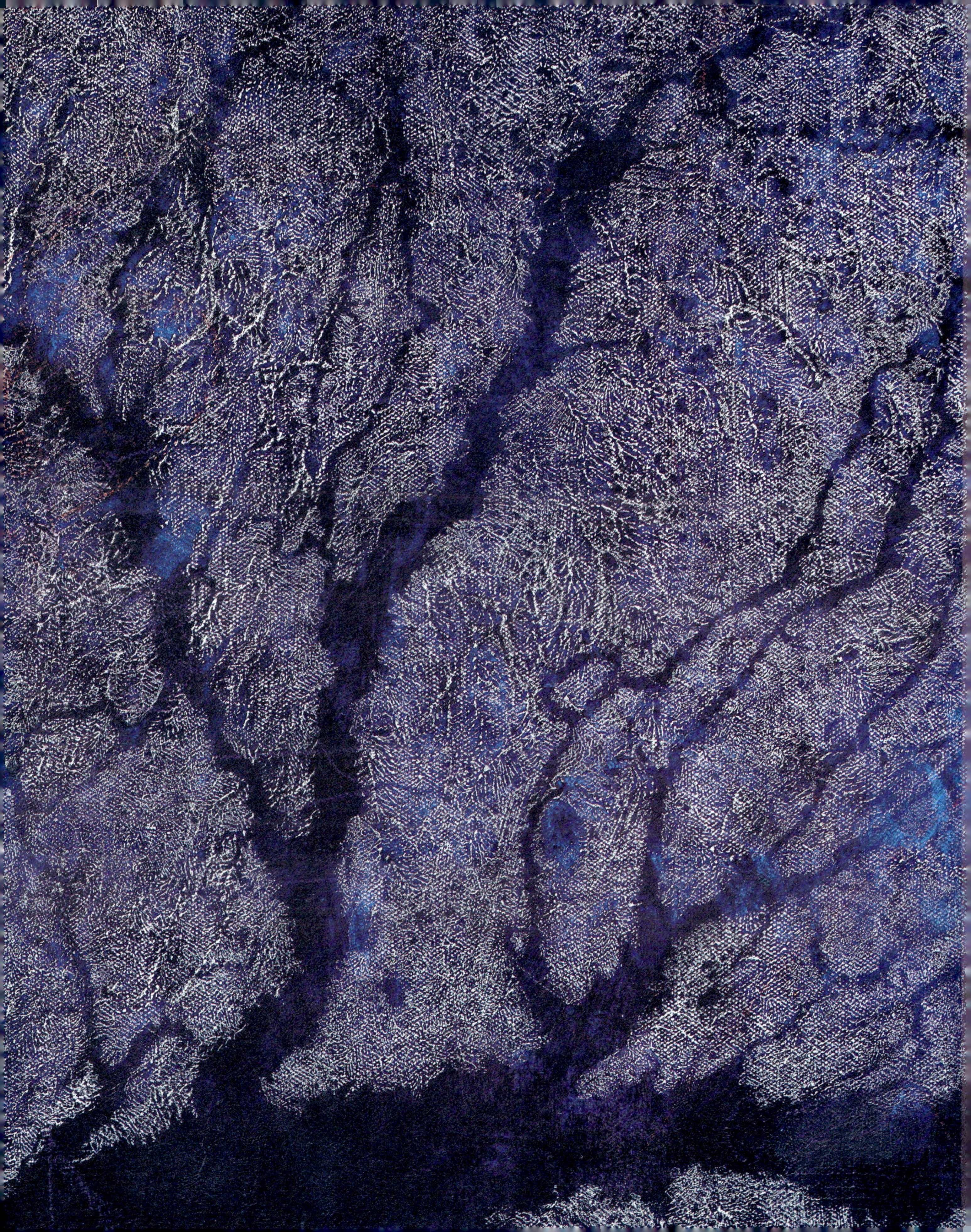

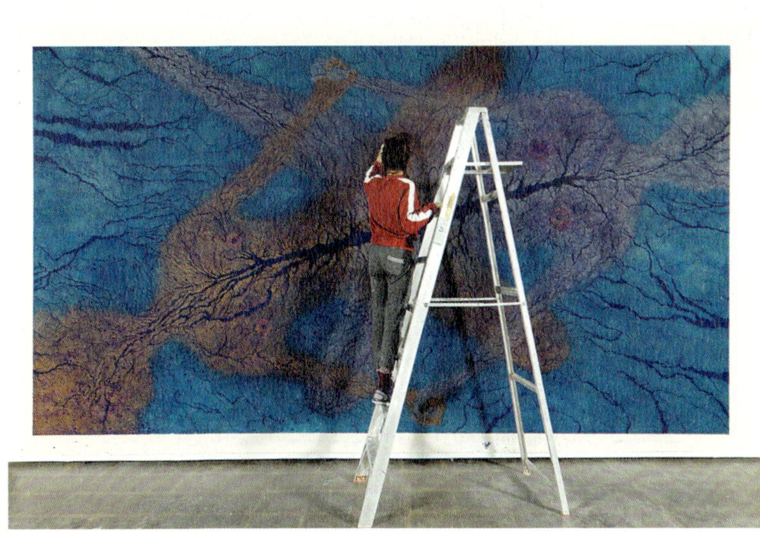

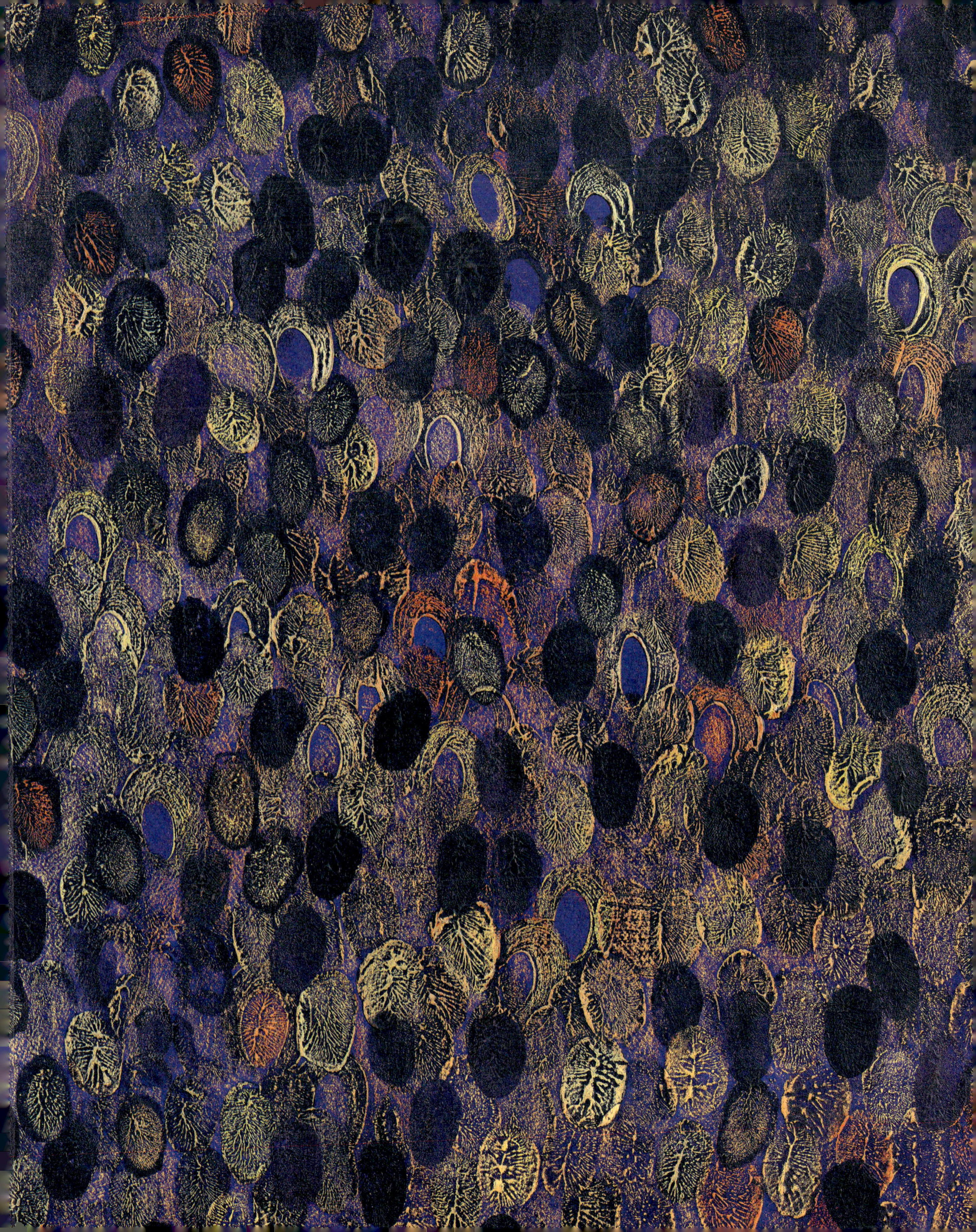

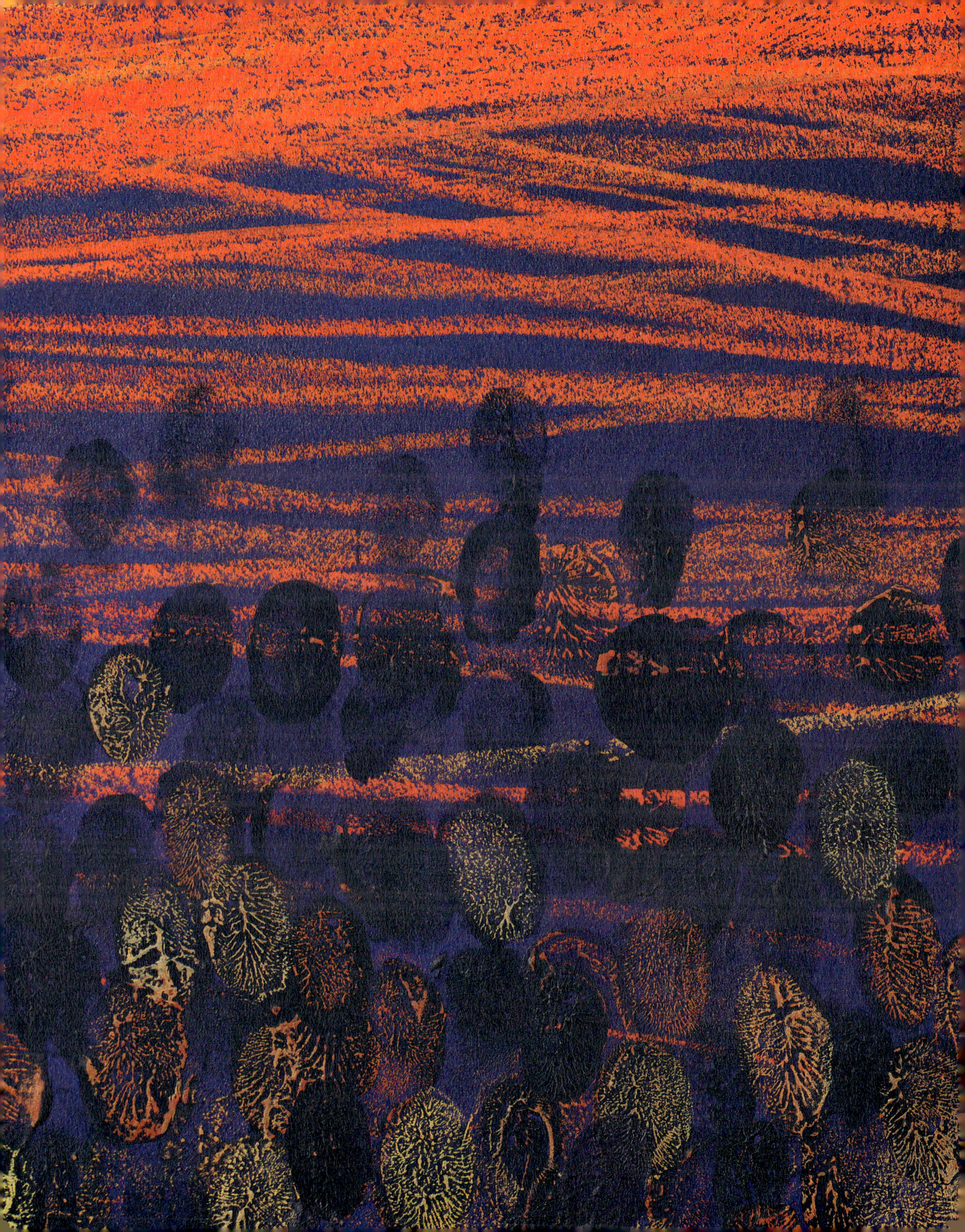

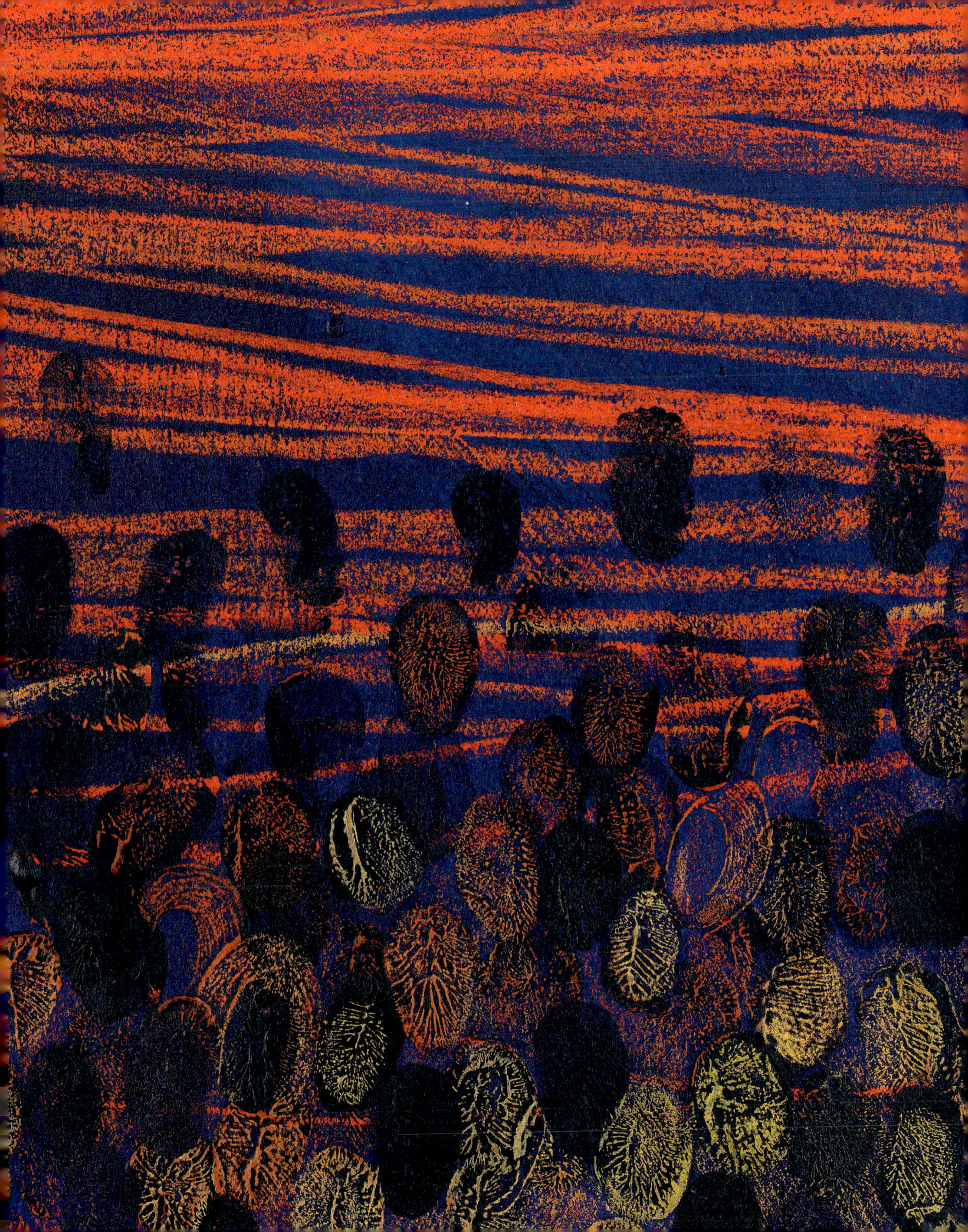

BLUE.
THE RESISTANCE OF PAINTING

Yves Klein threw only three colors into the chance of painting: blue, gold, fire. Three emphatically archetypal colors which can influence the practice of a pictosophy. Even then, more than a half-century ago, art was already on the threshold of going beyond, of dissipate, of dissolving into sequences of exorbitant or clandestine actions; most of all, it was heading toward something that might induce in painting if not a coma at least an existential doubt, producer of further modes and methods of being. To empathize with the materiality of blue that informs the works of Luisa Rabbia, it might be necessary to think of it in opposition/antagonism to the pressure of red, which psychically is also the color of terror. When red appears in her work, it plays precisely this role. In *I Want To Be There, Too* (2015), for instance, it is not the red of Guttuso's *Togliatti's Funerals* (1972) but rather of Munch's *The Scream* (1893); with the difference that it no longer intimates a polluted sky distressing solitary men in the industrial revolution, but designates instead the river/sea of blood from whose banks spreads in all directions a mass of heads fleeing from post-colonial deconstruction in the digital era. Rabbia's painting too has emerged from a methodical doubt: spindly sculptures, emblems of an anterior and interior humanity in flight, clad in the paint of multicolored fabrics coiling around them, exiles from third-world civilizations in the process of imploding. The transition from pictorial sculpture to a painting with no brushstrokes—built from multiple strata of graphic signs and coats of untextured acrylic color—but still mimetic of painting (a painting without painting) initially coincided with the transcription in Rabbia blue of the macrohistory of contemporary migrations arising from an overlapping and accumulating of military, religious, political, economic, and cultural sufferings. *From the Within Out* (2009) is, in fact, still referential: a truck advances in an urban desert, illuminated by a spotlight outside the frame, its form barely perceptible, and is overflowing with cushions that cascade down from the cargo space covering the cab; from the pile of cushions the heads stick out of refugees seated on top, heads sometimes unreally fused with the cushions themselves. Sculpture has evolved into painting, into pure blue Rabbia, but the image still conveys the three-dimensionality of an object. The papier-mâché heads of *Crowd* (also from 2009) have transmigrated onto the paper, which from now on becomes her work's main support, even if drawing—an element that gave specificity to the artist's sculpture—remains a constant, granting logic to the passage from one medium to the other. The echo of sculpture becomes definitively remote with the total flatness of *People* (2011) where there also appears a sort of descent into the inner life of the earth, an iconic theme continuing

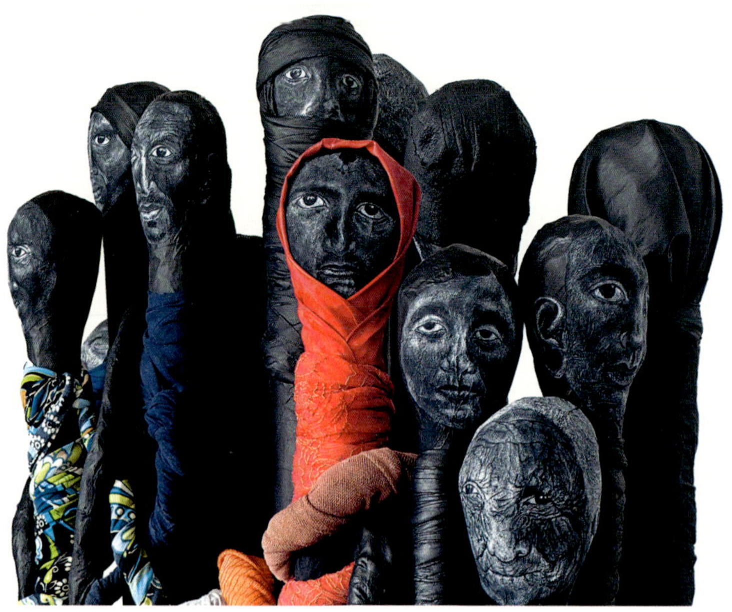

Crowd, 2011,
particolare/detail

up to *Love* (2016). *People* appears like a rectangular pouring of blue acrylic paint onto a large sheet of paper (24x81 inches); the color thickens at the top into something similar to a post-terrestrial crust: a column of refugees moving as far as the eye can see from right to left toward an abstract future. This human crust gradually dissolves into a rooty soil that supports the refugees' column and at the same time appears to generate it.

Luisa Rabbia's evolution toward painting cannot be reduced of course solely to the passage from papier-mâché to paper, then from paper to paper mounted on canvas, and finally directly to canvas. The paper still entails the graphic *ethos* of the drawing; mounted on canvas before the work's execution, it allows an interaction of light, sign, and color that is similar to but more immediate than that of painting on canvas (Francesco Clemente had already taken this path between 1978 and 1981, modulated however by a highly sophisticated use of watercolor); the artist's iconic process nevertheless stays the same. Painting remains the specific, original, spatial language for a mental/symbolic representation; an articulation of the spirit that filters information and converts it into history with the velocity of intuition; the place where gesture and space join to produce (in a sort of *coniunctio oppositorum*) ever-new generations of proposals for an image of the world. With her gradual adoption of the operational modalities of painting, Rabbia has also shifted her iconographic vocation from the inscription of the social to the exploration of an inner world, a *connaissance par les gouffres* touching an imaginal amalgam of abyssal flora, human viscera, geological depths. This descent from macro-history into the memory of an invented biosphere had its epicenter in two works from 2014, *NorthEastSouthWest* and *Pathway*. In *NorthEastSouthWest*, an organic/

gaseous structure—indefinite, transparent, poly-iconic, in combustion—beats like the painting's heart against an uninflected and close-to-black monochrome background: a nebula with a blue epidermis slowly changing to red as it moves to center; an elliptical globule within which a chemical reaction takes place, almost the metaphor for a planet in which the days of creation are piling up. It's the lung of art, diagonally traversed by two trees of veins moving in opposite directions, two skeletons of trees that have survived a shipwreck of images. From its sides, tubular intestines branch out in the four cardinal directions (nominated in the work's title), similar to primordial organs which, like arteries, endlessly channel whatever oxygen was left to painting. It's the engine of the machine *à fonctionnement symbolique* constituting the picture, with its own systems of power supply and exhaust that make it proceed obscurely into the forest of contemporary abstraction, into the micro-history of the *interiora terrae* that painting *rectificando* visits as a ready-made of psychic effusion. In its hermeticity of a well-defined yet amorphous mass oriented to the left, the work reaches the sphere of the sacred, recalling a *boli*, the power object of the Bamana people that hides its true meaning from non-initiates, implies secret knowledge, creates an anxiety halfway between terror and ecstasy, evokes the origins and speaks of the end.

With *I Want To Be There, Too* (2015), a further descent into the being of painting occurs. Rabbia elides the paper and paints directly on the canvas. The receptivity of the paper to light is replaced by the canvas' preparation with gesso, which is sanded until the surface remains completely devoid of texture. This surface is then totally or partially covered by a layer of fingerprints, impressed, with various degrees of relief, with blue acrylic—a secret signature that can be discovered only by infrared reflectography? An act of long-distance communion with Manzoni's *tavole di accertamento*? A direct inscription of the artist's body into the body of painting? This layer is overlaid with another one, again of acrylic blue, on which finally the image is drawn using colored pencils. The image of *I Want To Be There, Too* is both defined and undefined, depending on the proximity of the observer to the picture, thus demanding from the viewer a dual visual distance and a dual mental incursion. A large red current, of a river or of air, crossed at center by a lesser, blue counter-current, invades the painting. To the sides of this Acheron, both terrestrial and celestial, a proliferation of heads made of fingerprints emerging from the background or superimposed swarms as far as the eye can see, like an insurgent, immense human forest. A "tragedy of our time" resurfaces, a people of exiled, of persecuted, or refugees returning from the earlier sculptures and works on paper but now seen from afar, from an aerial if not yet a cosmic gaze embracing the earth from a metaphysical height. It's the sky of Munch's *Scream* that rather than reflecting an anxiety of the burghers of Oslo is spreading over the fleeing of millions of Syrians, Iraqis, Sudanese, and Somalis; it recalls the epiphany in Eliot's first draft of *The Waste Land* that translates the Acheron into London's Thames:

I have sometimes seen and see
Under the brown fog of winter dawn
A crowd flow over London Bridge, so many,
I had not thought death had undone so many

which Dante had fore-seen in the *Comedy*'s Limbo:
... dietro ... venìa sì lunga tratta
di gente, ch'io non avrei creduto
che morte n'avesse tanta disfatta.

And behind it, such a long procession
of people I would have never believed
death had brought so many to their ruin.

[Dante, *Inferno*, Canto III, trans. by
Seamus Heaney]

In her latest project—*Love, Birth, Death* (which recalls another Eliot line in *Fragment of an Agon*: "birth, and copulation, and death"), Rabbia intensifies the inscription of the human/vegetal/earthen microcosm of the 2014-15 paintings with a potentially macrocosmic iconography. This thematic expansion has, perhaps necessarily, a physical correlative in the pictorial one: *Love* (2016) is a 108x202 inch canvas that for its full diagonal (a size thus bigger than its width) is occupied by two hyperhuman bodies so interlaced that if an attempt were made to unite in a diagram their sticking out points these would form the equivalent of a sephirotic tree. *Love* imagines (puts into image) the initial/initiating couple, a copula of earth and sky; the woman is made of earth, vegetation, humus, roots, the man is an ethereal body, made of star dust. The primal couple not yet emerged from Chaos, of indistinct anatomies, suspended in a space and a time not yet divided into opposing modalities, and crossed like lightning or a tree trunk by the axis of the world. To measure its archetypal/future temperature, *Love* must be seen in contrast to the original couple in Egyptian icono-cosmology where the sky (Nut) and earth (Geb) are separated by Ra, the sun god. In the imaged Egyptian myth, which has now become part of the pop imaginary, Nut is a nude, overarching woman who personifies the celestial vault while Geb is a man lying on the earth with his sex erect. In Rabbia's painting, the original couple is imaged in a state antecedent to any division of being into the duality created by the advent of time. The bodies in *Love* rise up or fall into a stellar/arboreal/acqueous pictorial amnion, in a state of un-otherness; their legs are folded and crossed in an X-shape (the spider's stratagem according to the Kamasutra?), while their clasped hands draw together with the arms a quadrangle that we might describe as *knot*bby: the two torsos form opposite acute angles whereas the hands are clasped in opposing obtuse angles. The head of the woman, in constant expansion, falls in the picture's lower left corner; that of the man, undergoing a contraction, springs toward the upper right corner. The two torsos interlock, with both legs of the woman folded while one of the man's legs stretches out, and appear anatomically undifferentiated—the only heightened details are the excessive nipples—thus alluding perhaps to an original/final androgyny. These are bodies of plasmatic consistency, anthropomorphic nebulae in the process of becoming fully human, ethereal bodies close to accessing the astral body, or vice versa. The Bible would not have a name for them, for they imply a pre-Adamic stage and yet have been inscribed for centuries, for millennia even, in history, which is the history of painting. The fishbone/spine of dark energy that diagonally crosses the joint bodies, the picture's axis both physical and metaphysical, which had appeared in an embrionic state in *NorthEastSouthWest*, converges analogically here with the mystical/mysterical energy that kundalini generates in bodies intertwined in tantric ecstasy: it becomes the tree of inner life. The liquid sky or the celestial water in which the hierogamy of *Love* takes place, from which the lovers emerge, is the hieroglyph of a mythical, resistant pictorial space, a space that suspends painting between a barely begun past and a future already finished.

MARIO DIACONO

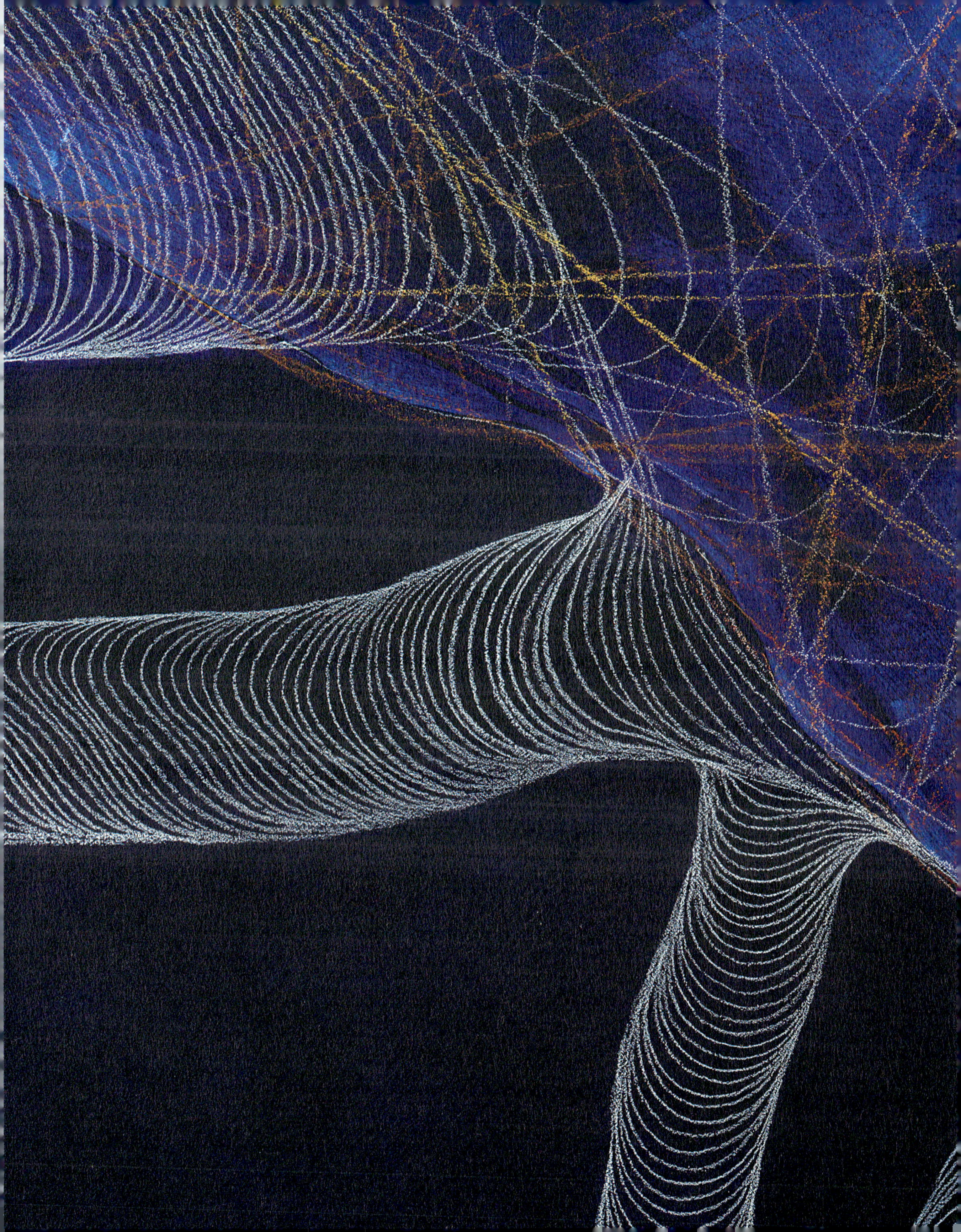

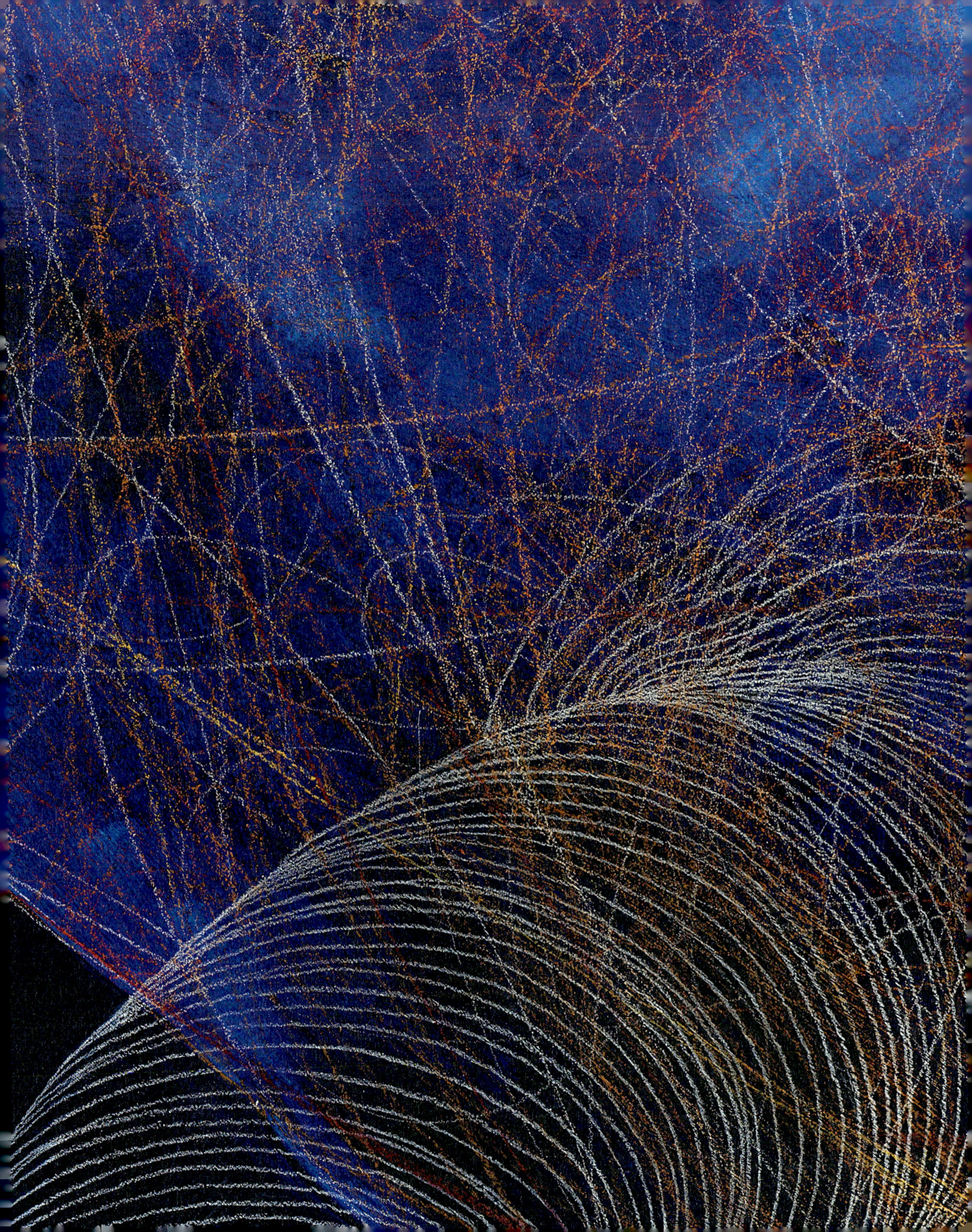

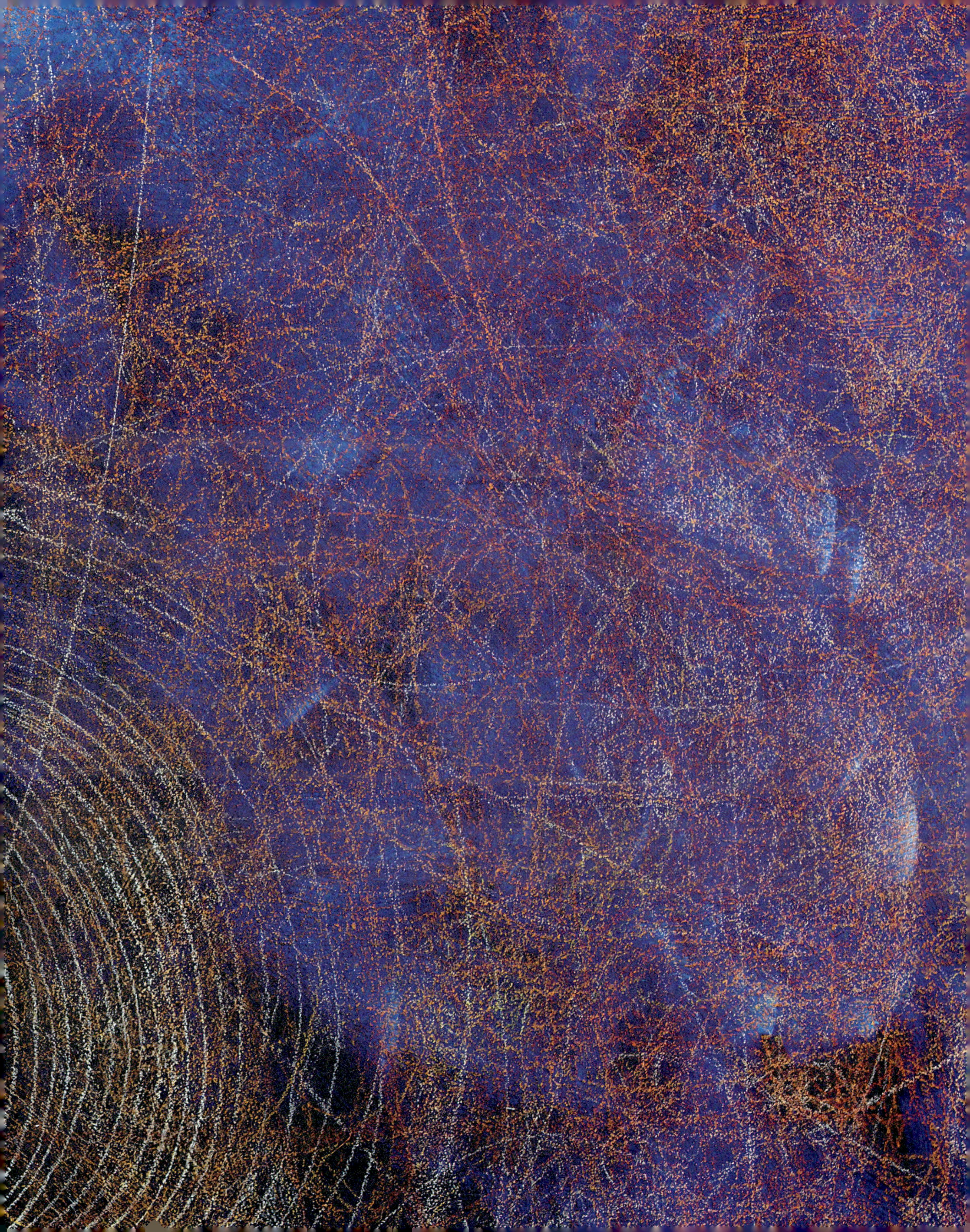

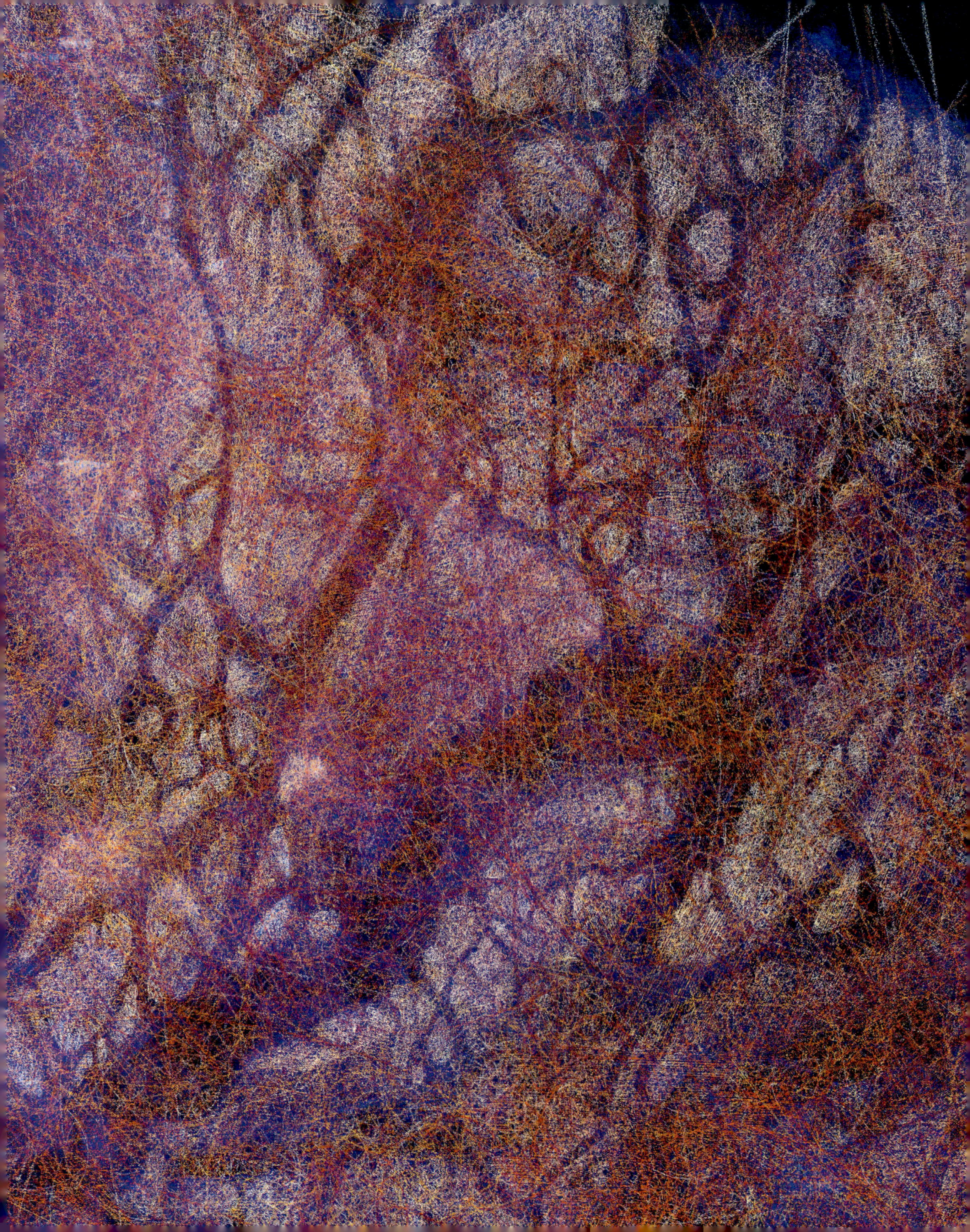

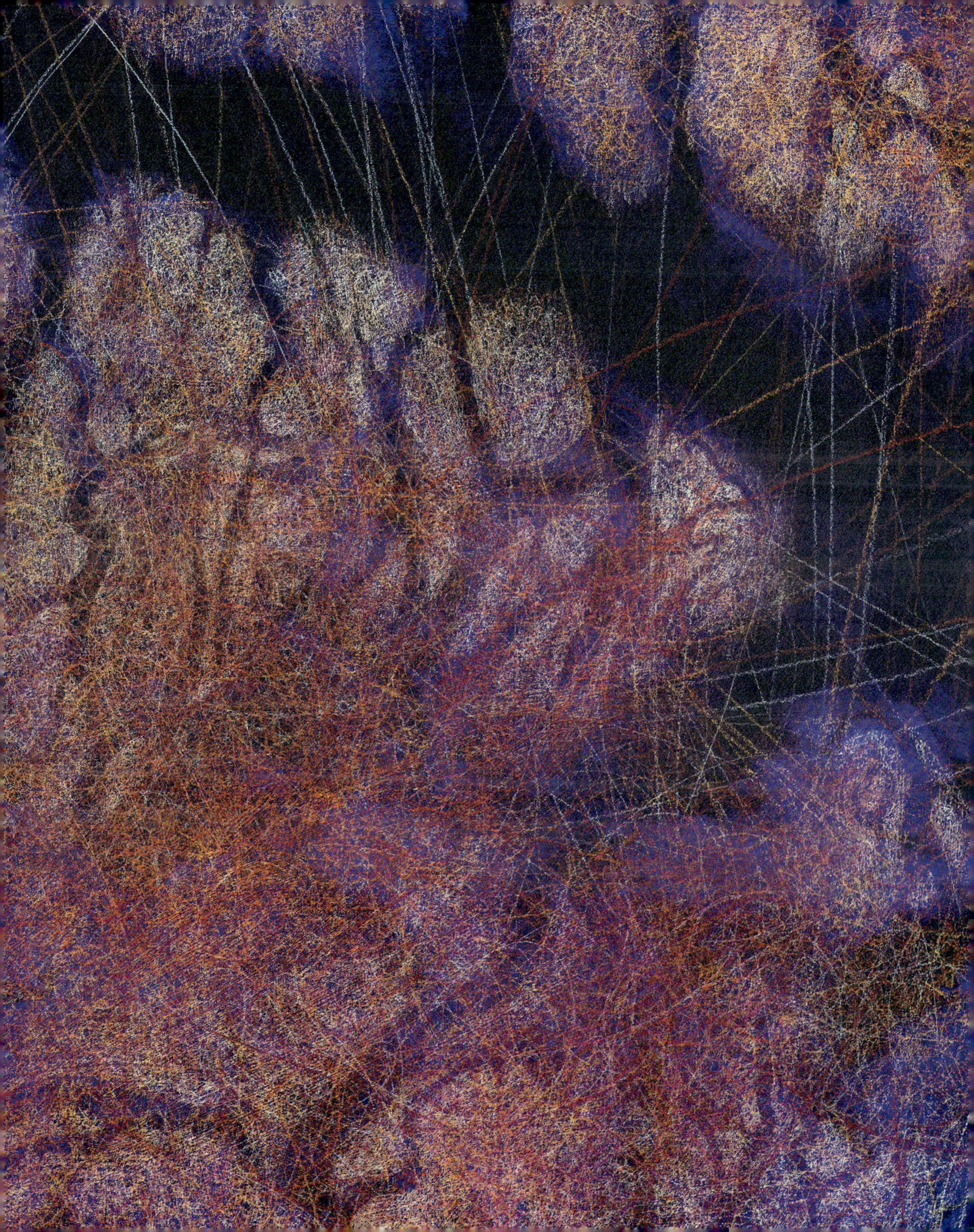

Era l'ardua miniera delle anime.
Correvano nel buio come vene
d'argento, silenziose. Tra le radici
sgorgava il sangue che poi sale ai vivi
nella tenebra duro come porfido.
Poi null'altro era rosso.

V'erano rocce
e boschi informi. Ponti sopra il vuoto
e quell'immenso, grigio, cieco stagno
che premeva sul fondo come un cielo
di pioggia sui paesaggi della terra.
Fra i prati tenue e piena di promesse
correva come un lungo segno bianco
l'incerta traccia della sola strada.

E quell'unica strada era la loro.

That was the so unfathomed mine of souls.
And they, like silent veins of silver ore,
were winding through its darkness. Between roots
welled up the blood that flows on to mankind,
like blocks of heavy porphyry in the darkness.
Else there was nothing red.

But there were rocks
and ghostly forests. Bridges over voidness
and that immense, grey, unreflecting pool
that hung above its so far distant bed
like a grey rainy sky above a landscape.
And between meadows, soft and full of patience,
appeared the pale strip of the single pathway,
like a long line of linen laid to bleach.

And on this single pathway they approached.

Rainer Maria Rilke,
da/from *Orfeo Euridice Hermes*, 1904

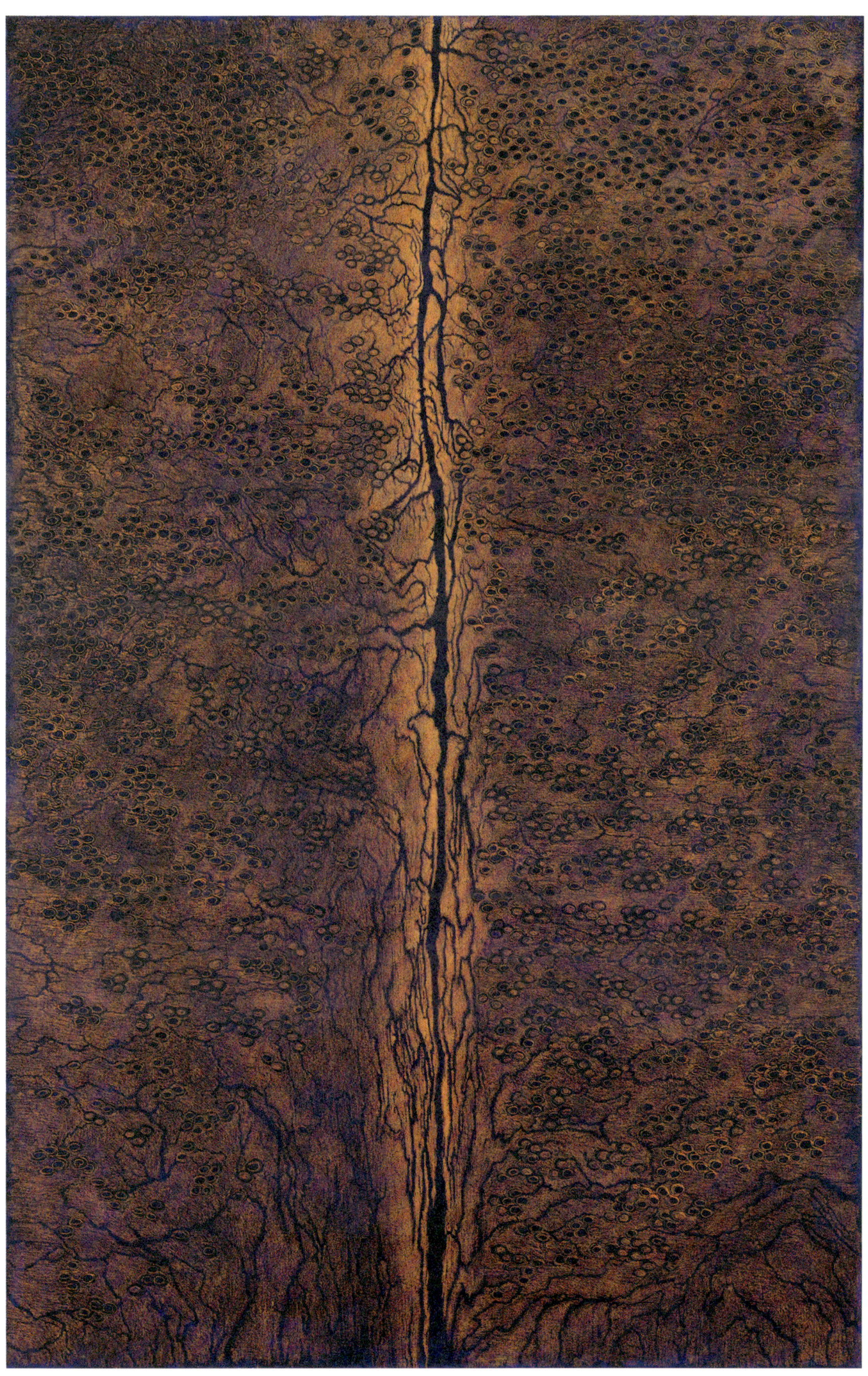

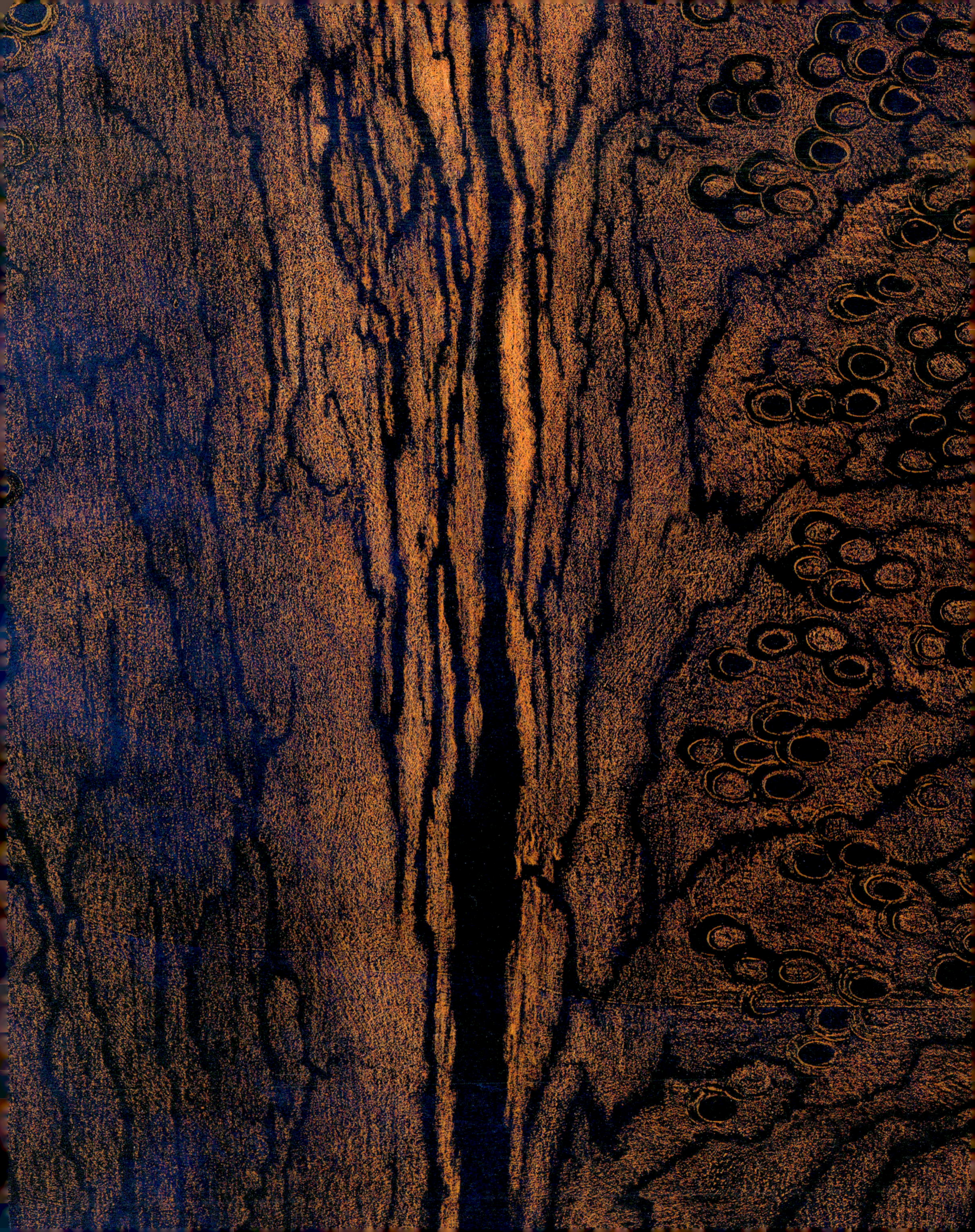

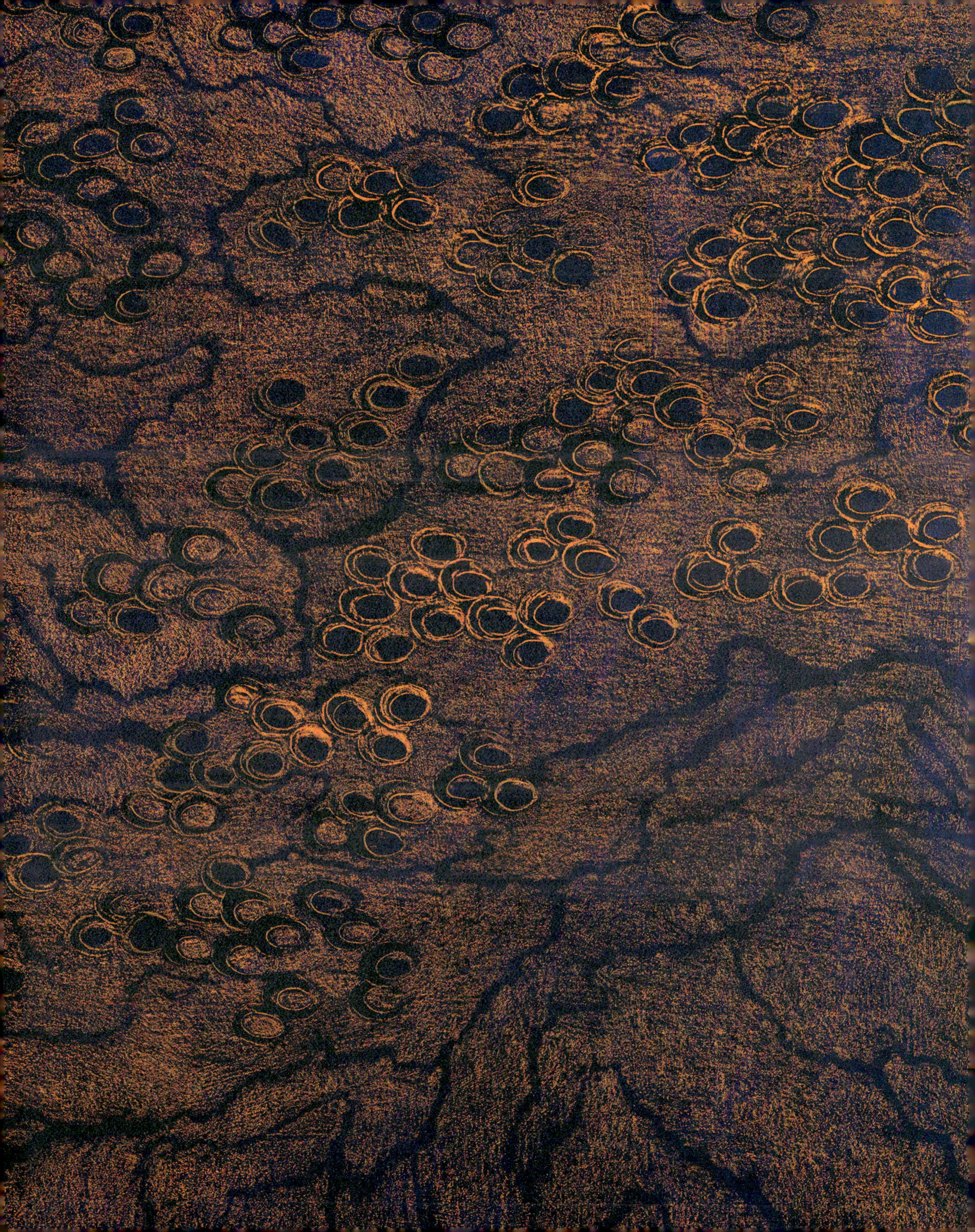

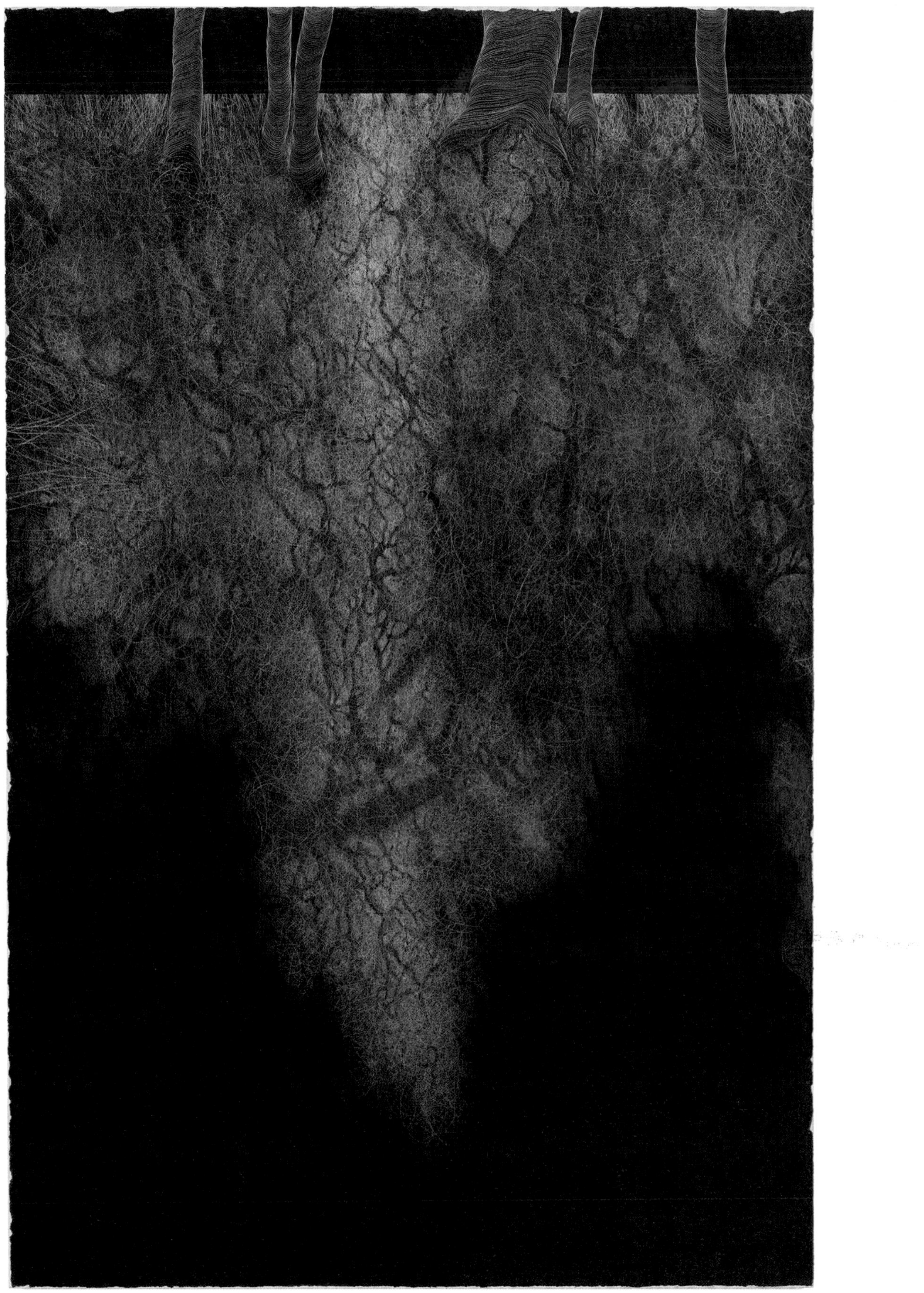

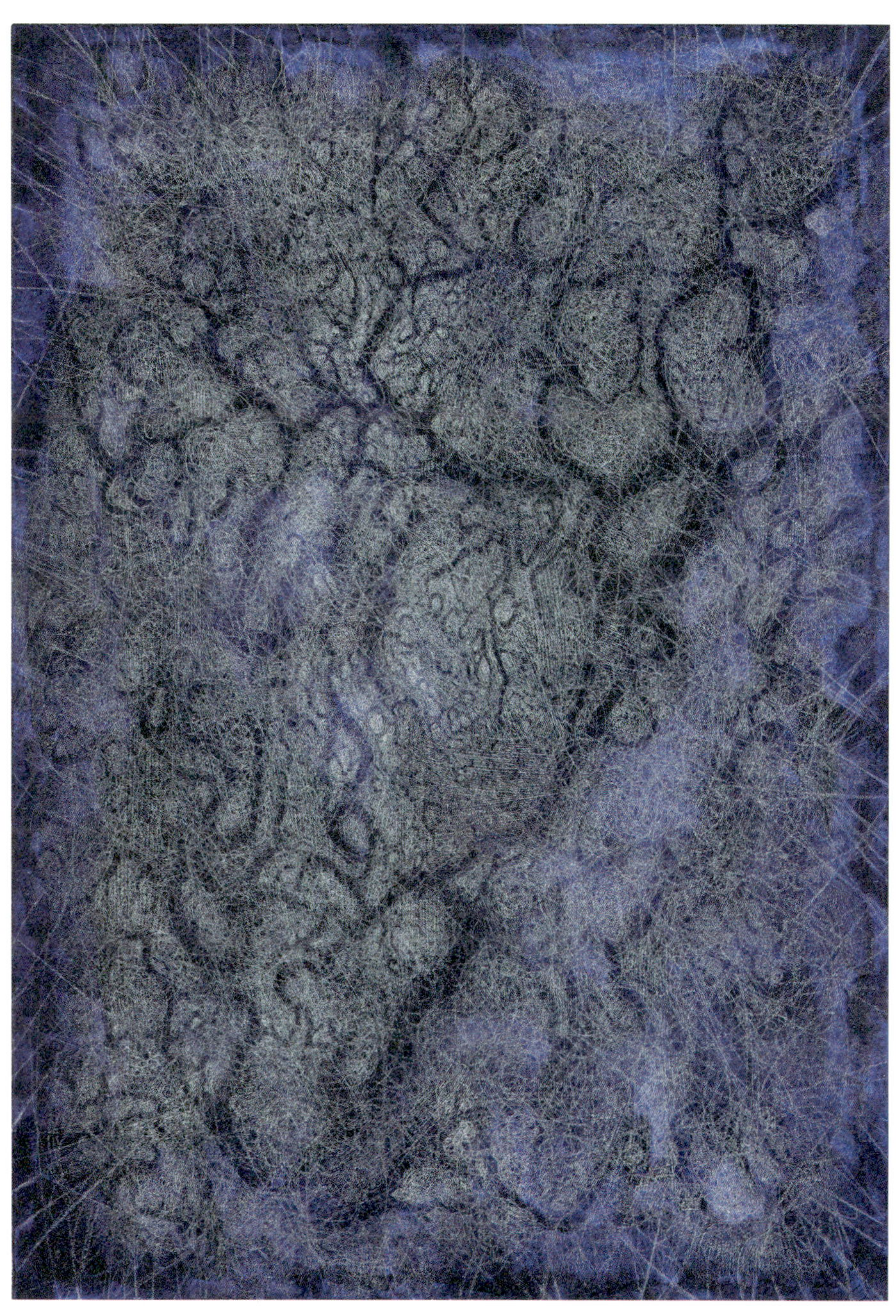

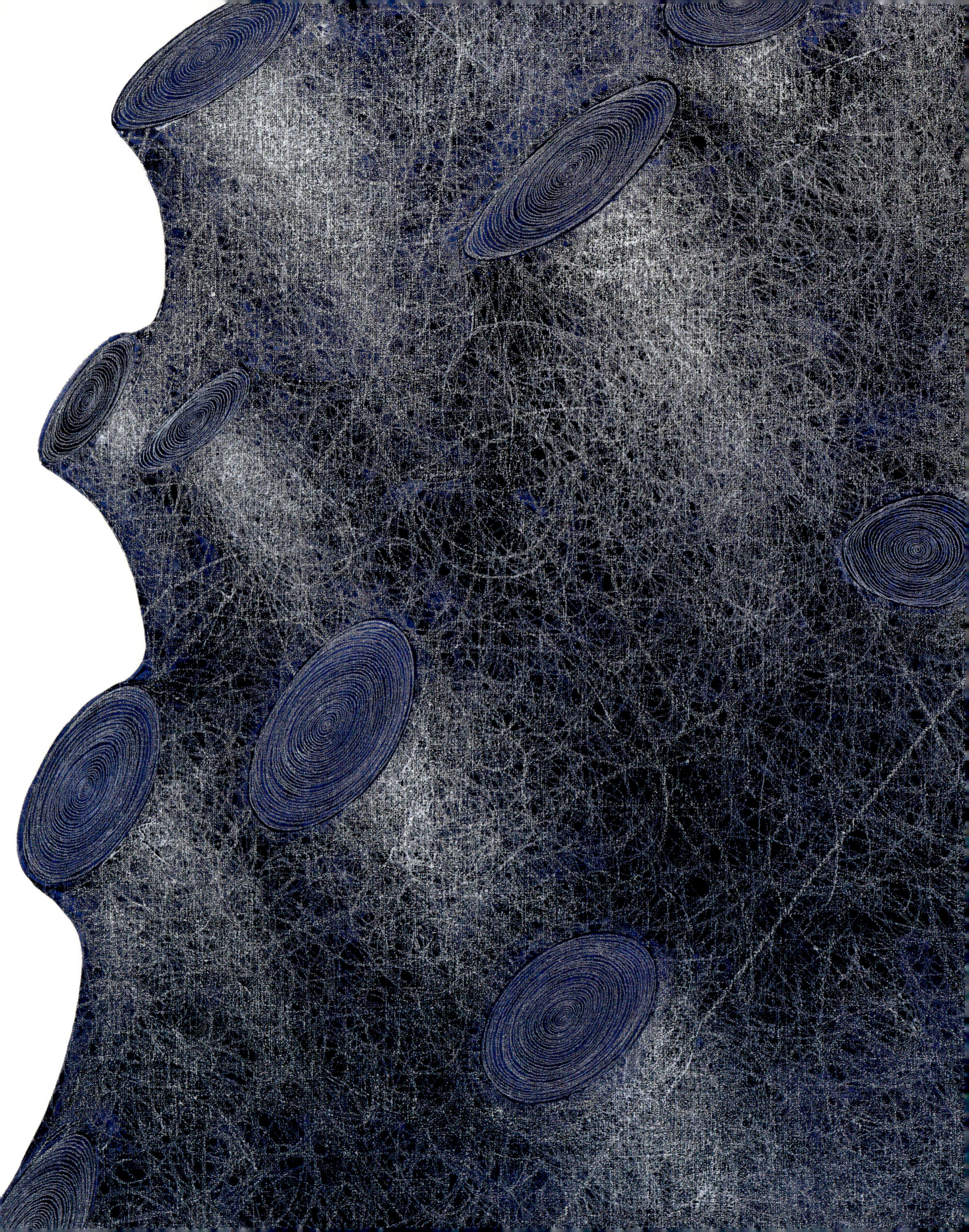

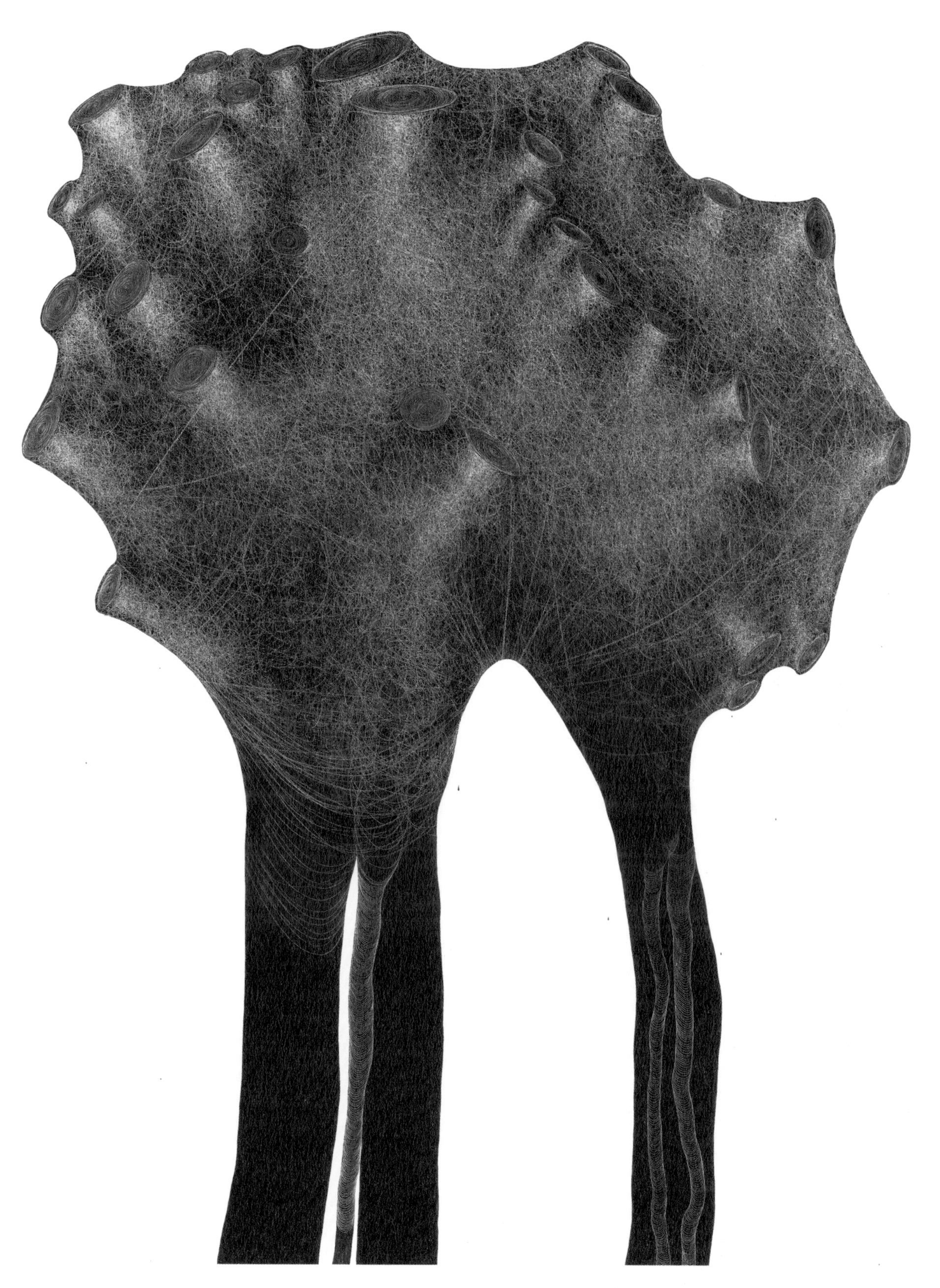

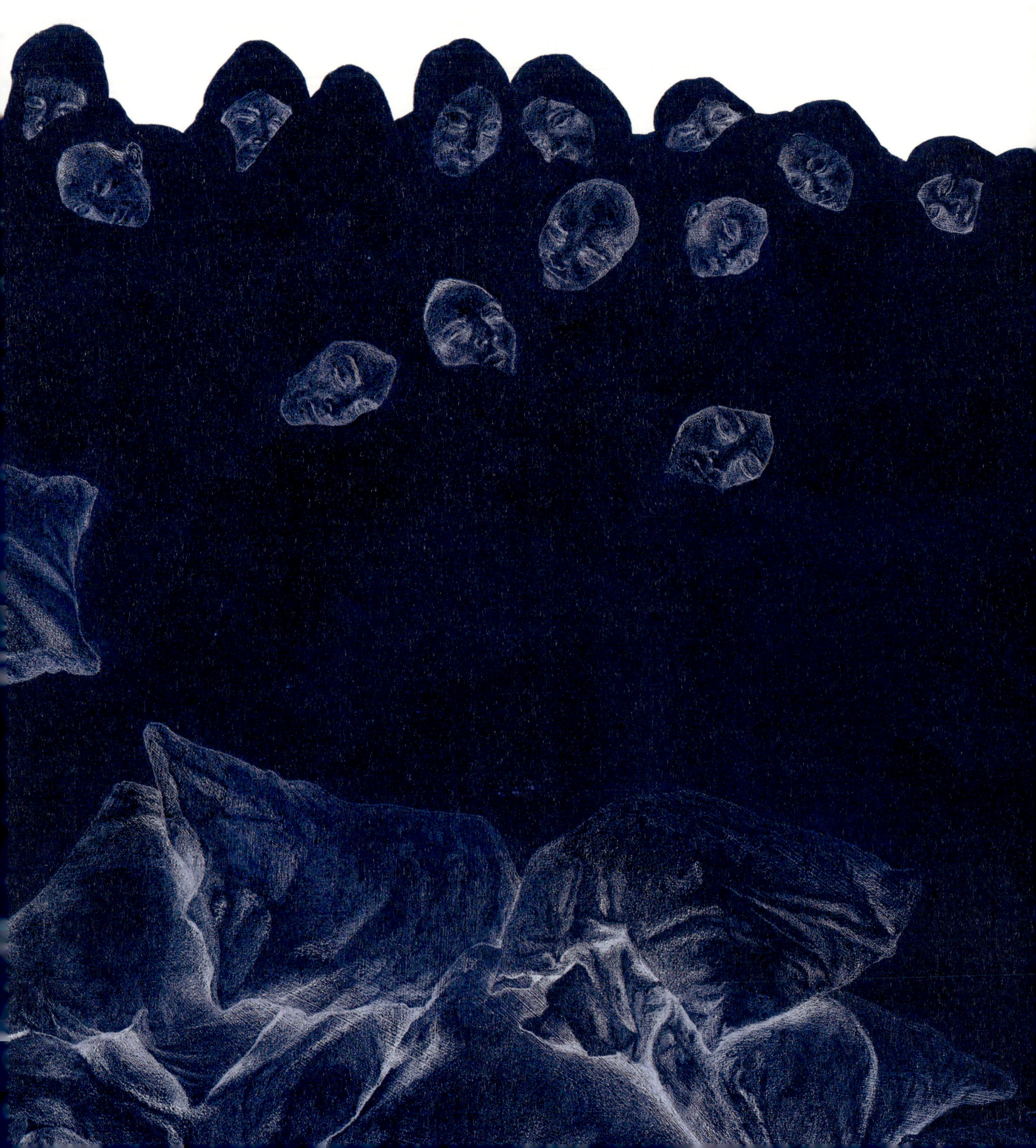

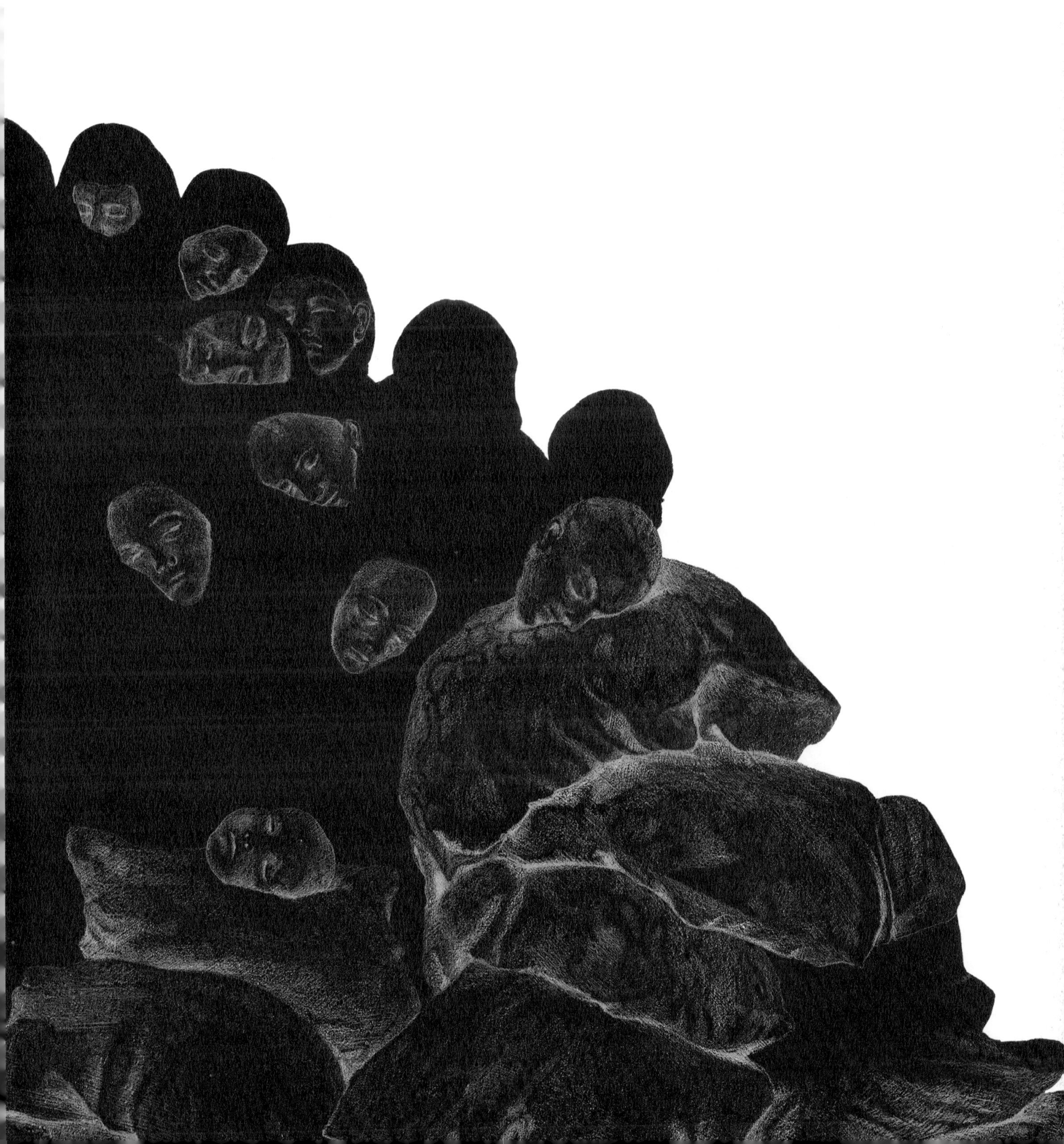

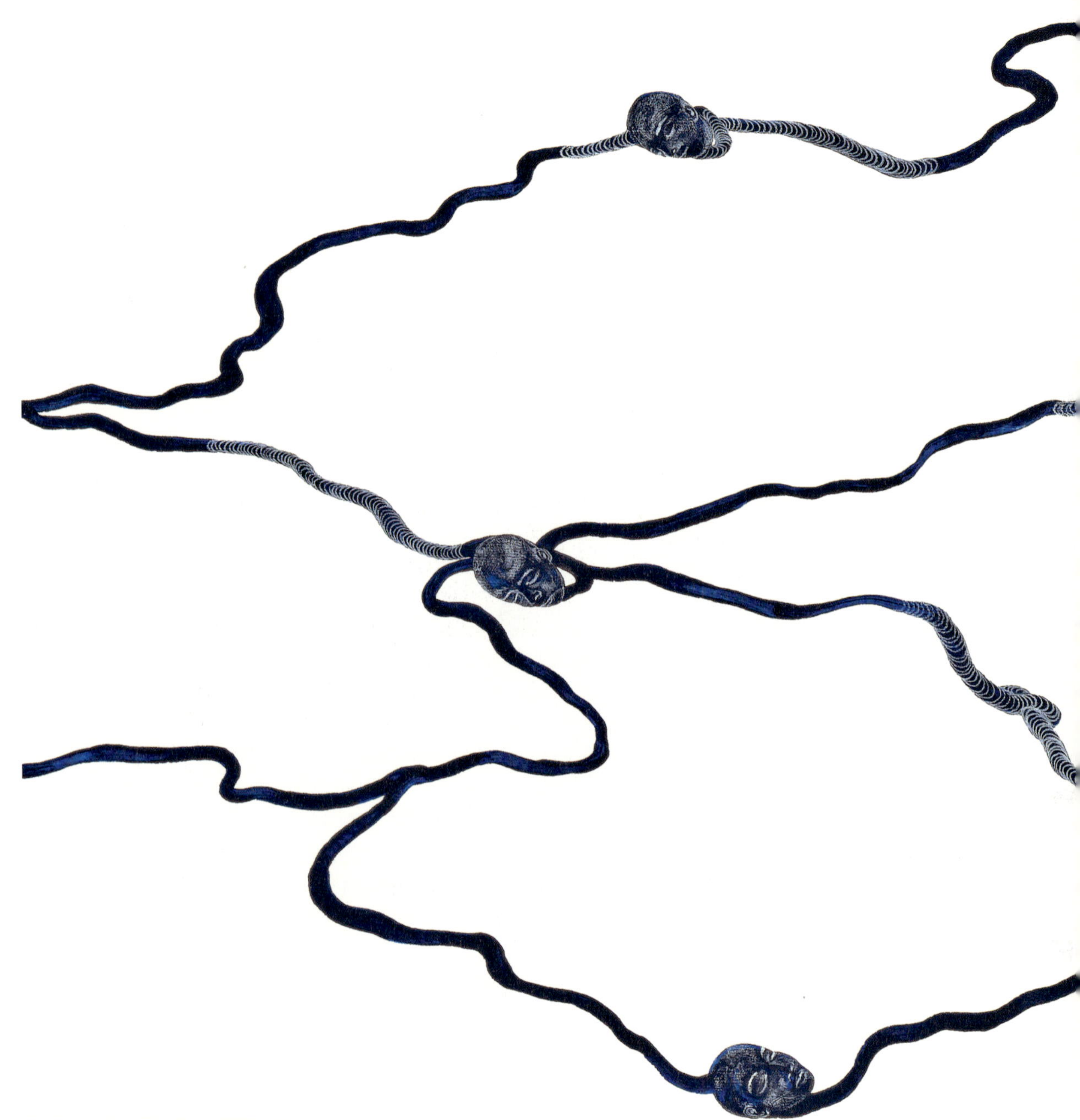

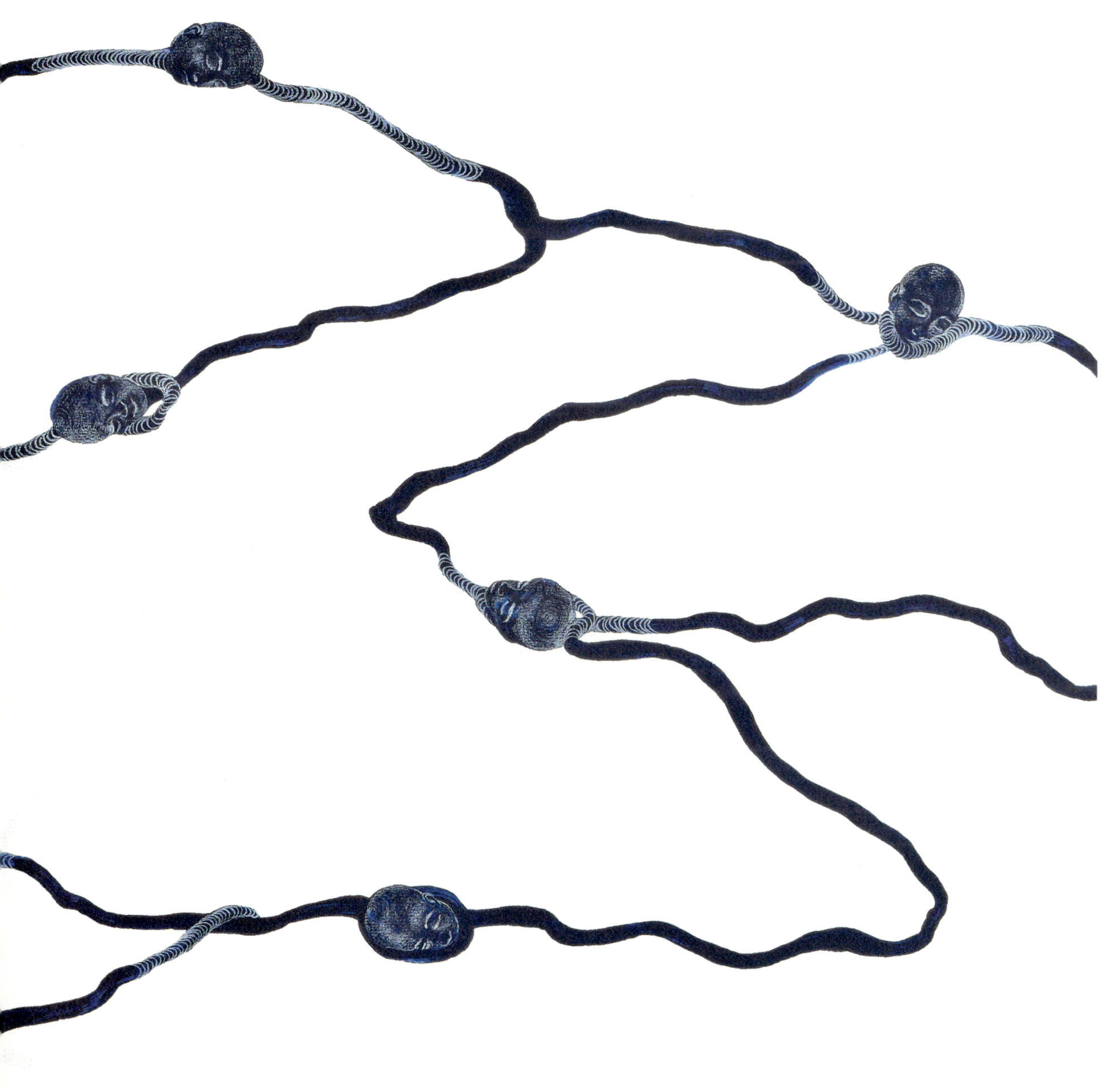

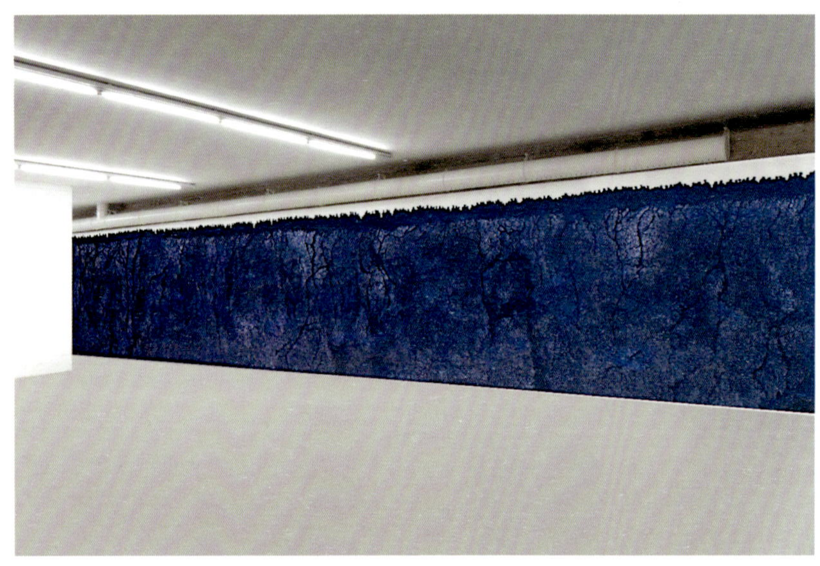

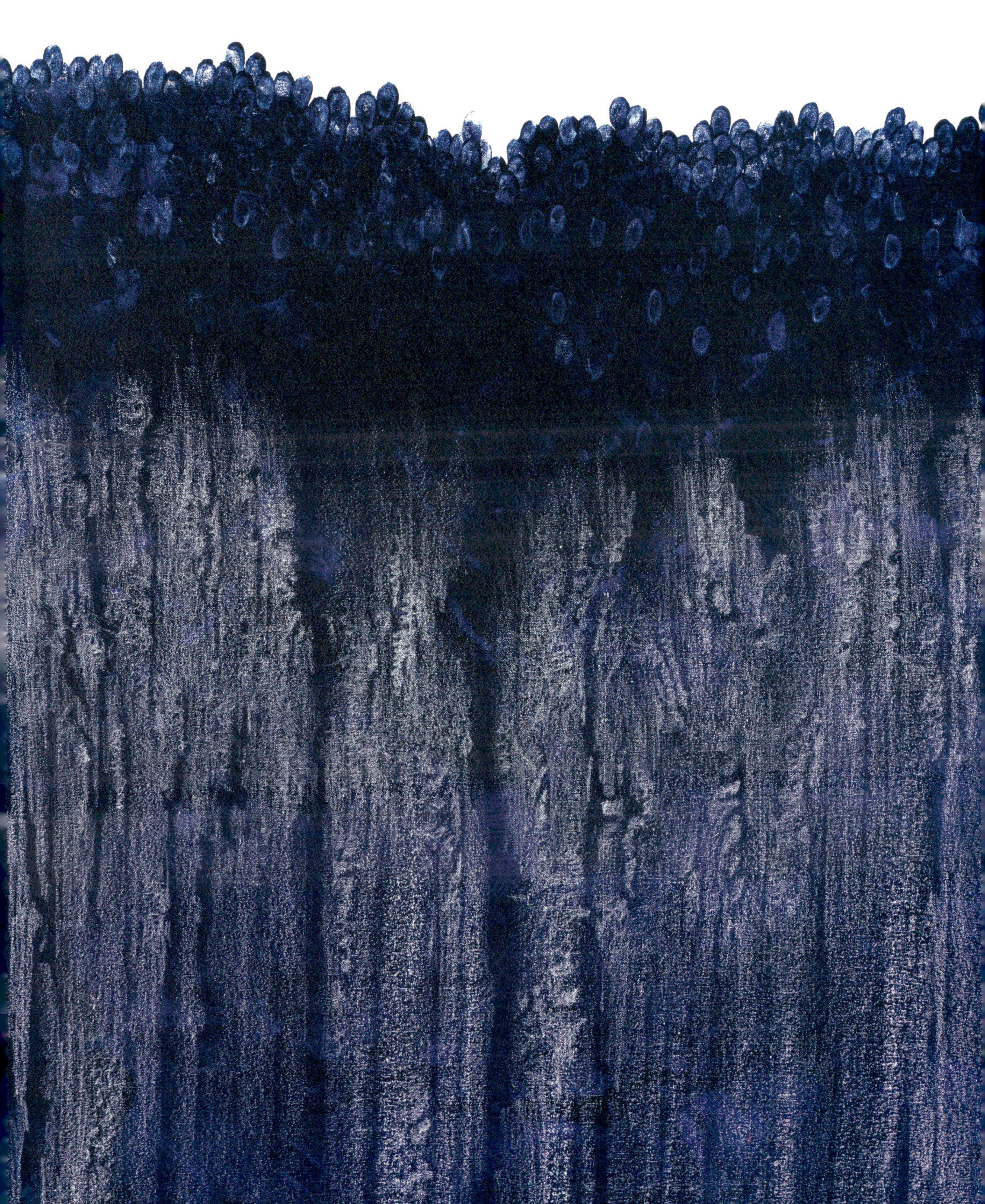

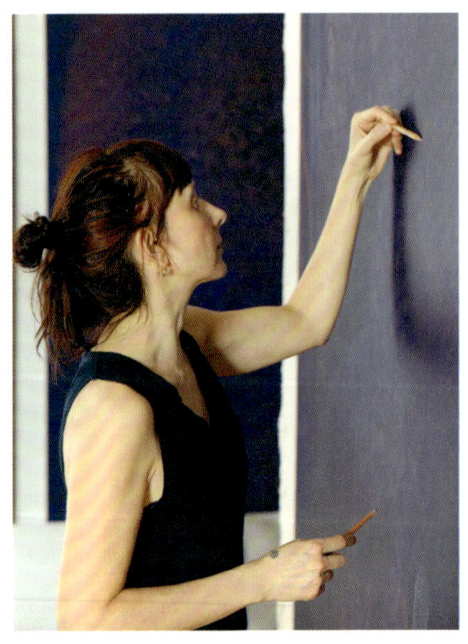

Luisa Rabbia

Nata a Pinerolo nel 1970, ha studiato all'Accademia Albertina di Belle Arti di Torino.
Vive e lavora a Brooklyn, NY dal 2000.
Born in Pinerolo, Italy, in 1970, studied at the Accademia Albertina di Belle Arti in Turin.
Lives and works in Brooklyn, NY since 2000.

Mostre personali selezionate
Selected Solo Exhibitions

Territories, Peter Blum Gallery, Frieze, NYC (2016); *Drawing*, Peter Blum Gallery, NYC (2014); *Waterfall*, facciata/façade, Isabella Stewart Gardner Museum, Boston (2014); *Everyone*, Studio EOS, Roma (2014); *Coming and Going*, Peter Blum Gallery, NYC (2012); *Luisa Rabbia*, Fundación PROA, Buenos Aires (2010); *You Were Here. You Were There*, Galerie Charlotte Moser, Genève (2010); *In viaggio sotto lo stesso cielo*, Fondazione Merz, Torino (2009); *Travels with Isabella, Travel Scrapbooks 1883/2008*, Fondazione Querini Stampalia, Venezia (2009) e/and Isabella Stewart Gardner Museum, Boston (2008); *Yesterdaytodaytomorrow*, Mario Diacono Gallery, Boston (2007); *Luisa Rabbia*, Massimo Audiello Gallery, NYC (2007); *Luisa Rabbia*, Galería Marta Cervera, Madrid (2006); *Anywhere Out of the World*, Galleria Giorgio Persano, Torino (2005); *Islands*, Galleria d'Arte Moderna e Contemporanea, San Gimignano (2005); *Il riposo del tempo*, Arte all'Arte 9, Associazione Continua, S.Gimignano (2004); *The Last Resort*, Massimo Audiello Gallery, NYC (2004); *A Matter of Life*, Galleria Rossana Ciocca, Milano (2003); *Luisa Rabbia*, Massimo Audiello Gallery, NYC (2002); *Luisa Rabbia*, Galleria Rossana Ciocca, Milano (1999,1997).

Mostre collettive selezionate
Selected Group Exhibitions

A Weed is a Plant Out of Place, Lismore Castle, Ireland (2016); *Lifting the Veil*, Rosenfeld Porcini Gallery, London (2016); *In Conversation*, Macy Art Gallery, Columbia University, NYC (2016) e/and Shirley Fiterman Art Center, NYC (2015); *SELF: Portraits of Artists in Their Absence*, National Academy Museum, NYC (2015); *Résonance(s)*, La Maison Particulière, Bruxelles (2014); *Visiting Faculty*, Carpenter Center for the Visual Arts, Harvard University, Cambridge (2013); *Magic Moments: The Screen and the Eye*, Isabella Stewart Gardner Museum, Boston (2012); *Paper Band*, Jason McCoy Gallery, NYC (2012); *4 Films*, Peter Blum Gallery, NYC (2012); *Tecnica mista: come è fatta l'arte del Novecento*, Museo del Novecento, Milano (2012); *LA/NY*, Peter Blum Gallery, NYC (2011); *Cosa fa la mia anima mentre sto lavorando? Opere d'arte contemporanea nella collezione Consolandi*, Museo MAGA, Gallarate (2010); *XV Quadriennale d'Arte*, Palazzo delle Esposizioni, Roma (2008); *Apocalittici e integrati*, Museo MAXXI, Roma (2007); *Italy Made in Art: Now*, Museum of Contemporary Art, Shanghai (2006); *Fresco Bosco*, Certosa di S. Lorenzo, Padula (2006); *Il bianco e altro e comunque arte*, Palazzo Cavour, Torino (2005); *La GAM costruisce il suo futuro*, GAM Galleria di Arte Moderna, Torino (2001); *Bello Impossibile*, Associazione Viafarini, Milano (1998); *In fuga*, PAC, Ferrara (1997); *Modernità Progetto 2000*, Palazzo Bricherasio, Torino (1996); *Autoritratti al femminile*, Museo Ken Dami, Brescia (1996); *Territori dell'immagine*, Museo Ken Dami, Brescia (1994).

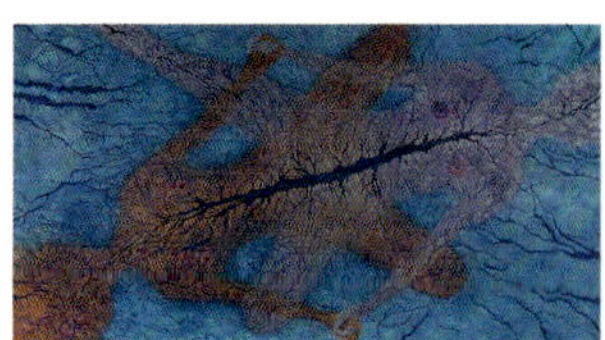

***Love*, 2016**

Matite colorate, acrilico, impronte digitali su tela • Colored pencil, acrylic, fingerprint on canvas
274x513 cm; 108x202 in

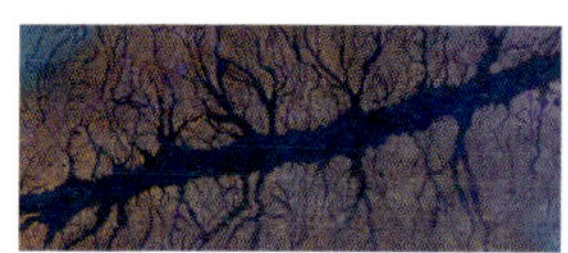
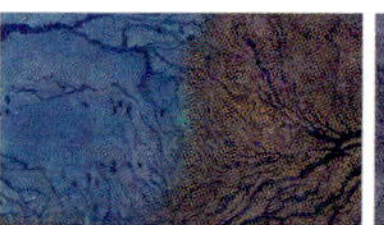
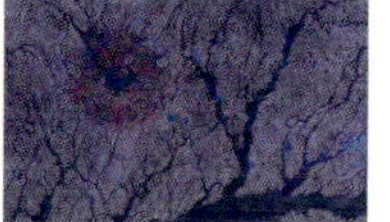

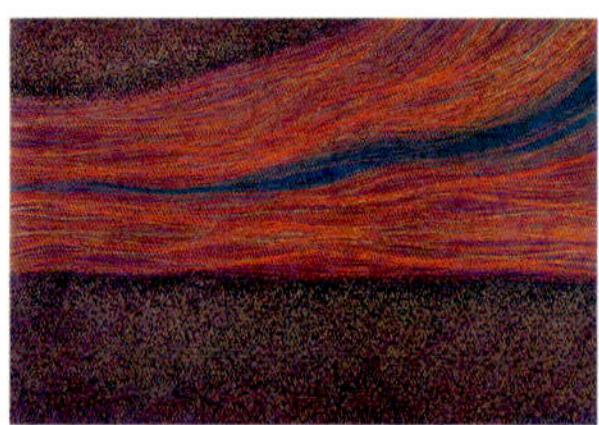

***I Want To Be There, Too*, 2015**

Matite colorate, acrilico, impronte digitali su tela • Colored pencil, acrylic, fingerprint on canvas
221x325 cm; 87x128 in

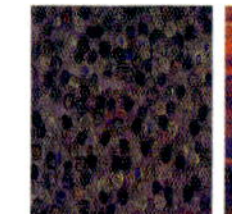
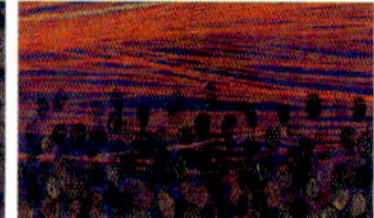

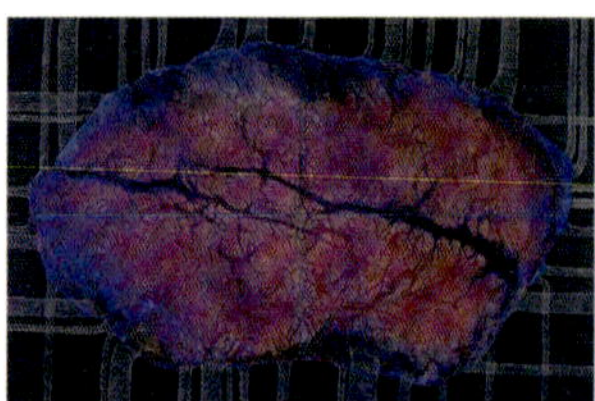

***NorthEastSouthWest*, 2014**

Matite colorate, acrilico, carta montata su lino • Colored pencil, acrylic, paper mounted on linen
244x376 cm; 96x148 in

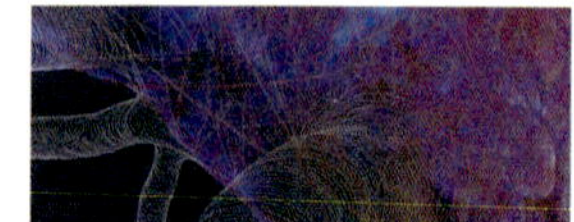
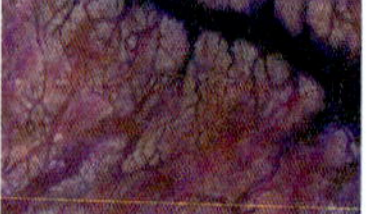

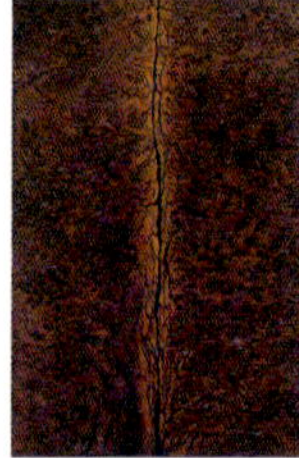

***Pathway*, 2014**

Matite colorate, acrilico, carta montata su lino • Colored pencil, acrylic, paper mounted on linen
188x122 cm; 74x48 in

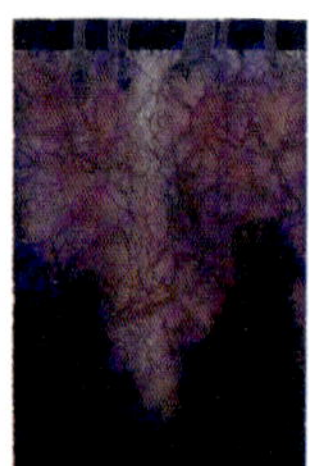

***Untitled*, 2013**

Matite colorate, acrilico, carta montata su lino • Colored pencil, acrylic, paper mounted on linen
188x122 cm; 74x48 in

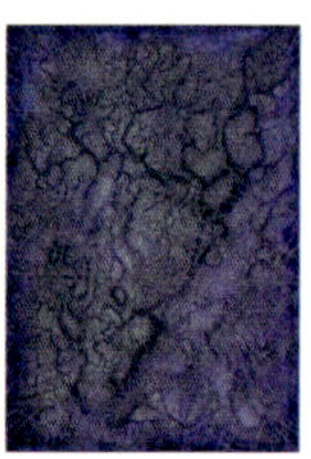

***Microcosmo*, 2014**

Matita bianca, acrilico su carta • White pencil, acrylic on paper
45x32 cm; 18x12.5 in

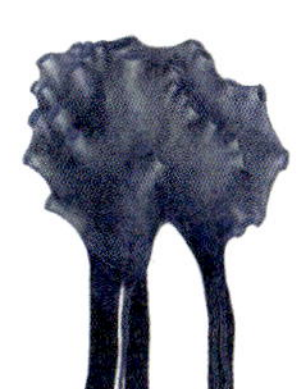

***Dialogue*, 2013**
Matita bianca, acrilico su tela •
White pencil, acrylic on canvas
189x144 cm; 74.5x56.5 in

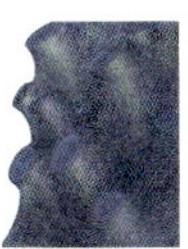

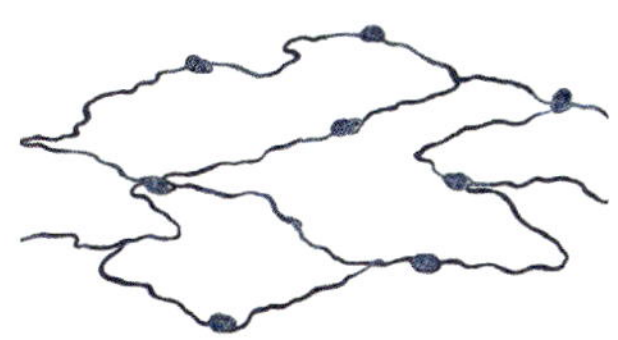

***Everyone*, 2013**
Matita bianca, acrilico, carta, cartone • White pencil, acrilyc, paper, cardboard
51x74 cm; 20x30 in
Edizioni EOS. Copia numero 3/8 •
Edition number 3/8

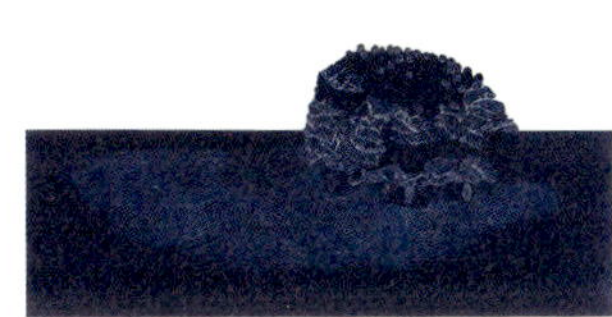

***From the Within Out*, 2009**
Matita bianca, acrilico, carta •
White pencil, acrylic, paper
114x187 cm; 45x73 in

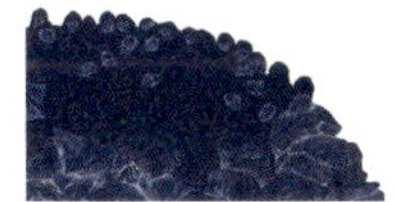

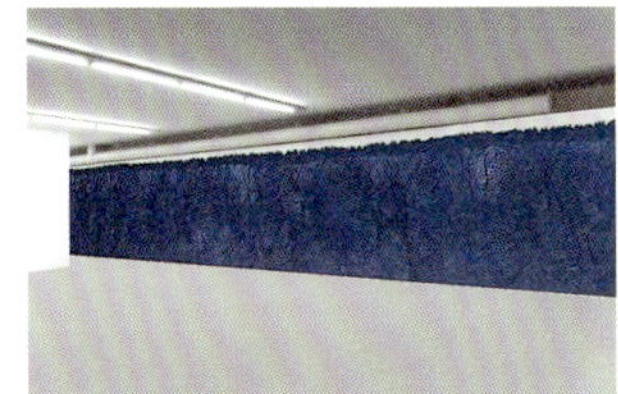

***Another Country*, 2017**
Studio per murale site-specific per la Collezione Maramotti •
Studies for site-specific mural for the Collezione Maramotti
Pastello a cera, acrilico •
Wax pastel, acrylic
256x1728 cm; 85x56.5 ft

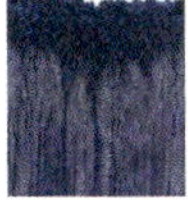

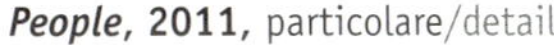

***People*, 2011,** particolare/detail
Matita bianca, acrilico, carta •
White pencil, acrylic, paper
61x206 cm; 24x81 in
Collezione privata, Düsseldorf •
Private collection

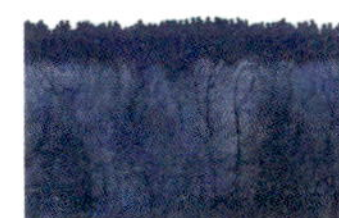

***Crowd*, 2011,** particolare/detail
Matita bianca, acrilico, cartapesta, vestiti di seconda mano •
White pencil, acrylic, papier-mâché, second-hand clothing
147x134x106 cm; 58x53x42 in
Collezione privata, NYC •
Private collection

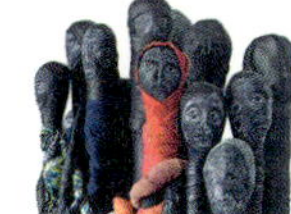

collezionemaramotti

Luisa Rabbia
Love

Realizzato in occasione della mostra • Published on the occasion of the exhibition
Love
15.10.2017 – 18.2.2018

Progetto grafico • Graphic design
Isabel Meirelles

Testi • Texts
Mario Diacono
Rainer Maria Rilke
Estratto dalla poesia *Orfeo Euridice Hermes* (traduzione di Giaime Pintor)
in Rainer Maria Rilke, *Poesie*, Einaudi, Torino, 1966
Excerpt from the poem *Orpheus Eurydice Hermes* (translated by Leishman and
Stephan Spender) in Rainer Maria Rilke, *Rilke Poems*, Everyman's Library
Pocket Poets, Alfred A. Knopf, New York, 1996

Traduzione • Translation
Marguerite Shore da italiano a inglese • from Italian to English

Fotografie delle opere • Photographs of the works
Dario Lasagni
Carlo Vannini (per/for *Dialogue, Everyone, From the Within Out* particolare/detail, *Microcosmo*)

Si ringraziano • Thanks to
Peter Blum, David Blum, Luigi Maramotti, Marina Dacci, Mario Diacono, Isabel Meirelles,
Maria Giulia Prezioso Maramotti, David Dixon, Serena Trizzino, Patrizia Rabbia

Editore • Publisher
Silvana Editoriale, Cinisello Balsamo, Milano

MaxMara

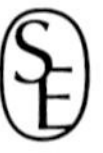

Silvana Editoriale Spa
Via dei Lavoratori 78
20092 Cinisello Balsamo, Milano
Tel. 02 45395101 | Fax 02 45395151
www.silvanaeditoriale.it

La stampa e la rilegatura sono state eseguite in Italia • Printed and bound in Italy
Finito di stampare nel mese di Settembre 2017 • Printed in the month of September 2017

Il presente volume è stampato in 1000 copie • Printed in 1000 copies

ISBN: 9788836638079

Available through ARTBOOK | D.A.P.
155 Sixth Avenue, 2nd Floor, New York, N.Y. 10013
Tel: (212) 627-1999 Fax: (212) 627-9484